돈 되는
진짜 공부

큰글자책 1쇄 발행   2021 년   10 월   15 일

도서명 [큰글자책] 돈 되는 진짜 공부
지은이 김진혁
펴낸이 박영욱
편집 · 디자인 서정희, 민영선, 임진형
펴낸곳 북오션
주소 서울시 마포구 월드컵로 14 길 62, 북오션빌딩
전화 02-325-9172
팩스 02-3143-3964
전자우편 bookocean@naver.com

공급 및 판매처
제작 : 부건애드
주문 : 한국출판협동조합 kbook.biz 플랫폼
전화 : 070-7119-1791, 070-7119-1789
팩스 : 02-716-6769

ISBN 978-89-6799-641-3
정가 25000 원

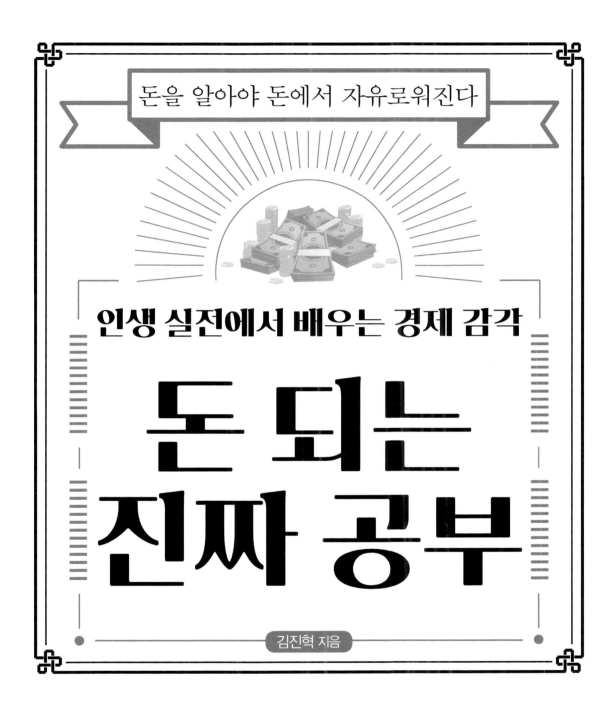

돈을 알아야 돈에서 자유로워진다

인생 실전에서 배우는 경제 감각

돈 되는 진짜 공부

김진혁 지음

북오션

운명을 바꾸는 돈 공부

성공한 투자자들, 투자 전문가들은 이구동성으로 "제발 돈 공부하고 투자하라"라고 한다. '쓸 돈도 없는데 뭘 투자?'라는 볼멘소리는 이제 그만하자. 투자를 못 하는 이유는 목돈이 없거나 시장이 불투명해서가 아니다. 돈의 속성에 대한 이해와 공부가 부족하기 때문이다.

이 책을 쓴 목적은 단순하지만, 무게만큼은 묵직하다. 돈 공부를 통해 단순히 지갑을 가득 채우는 것이 아닌 돈을 하인처럼 부려서 우리가 행복한 삶을 찾는 길을 제시하고자 썼다.

우리의 자산 포트폴리오는 왜곡되어 있다. 가계 자산

에 부동산 편중이 너무 심하다. 20%도 안 되는 가계 자산도 금융기관의 확정 금리 위주로 구성되어 있다. 이번 기회에 포트폴리오 조종이 필요하다.

필자가 오랫동안 금융 증권 시장에 몸담았던 경험과 다독의 지혜를 이 책에 담았다. 돈의 본질에서부터 인문학, 심리학, 뇌 과학 등 다양한 분야의 지식과 금융 정보를 촘촘한 그물망에 담도록 세심한 주의도 기울였다. 자신이 직접 돈을 벌기보다는 돈이 돈을 벌어다주는 시스템을 구축하길 바란다. 나는 여러분에게 부자로 사는 물고기가 아닌 그물을 선사하고 싶다.

아울러 자녀 경제 교육 필요성과 목표, 역할, 외국 사례 등도 쉽게 풀었다. 필자 역시 작년부터 아이들에게 장난감이나 옷 선물보다 주식을 사주기로 결심했다. 아이들 명의의 계좌에 누구나 잘 아는 우량 대형주와 ETF를 꾸준히 사 모을 예정이다. 어릴 적에 시작한 경제 공부는 값지다. 자신이 투자한 회사의 성장 모습과 관심을 통해 세상의 지혜를 얻게 된다.

세상은 변했다. 제4차 산업혁명 시대로 달려가는 속도

도 빠르다. 좋은 대학과 직장이 안정적 삶을 보장하지 않는다. 돈이 삶의 목표나 수단이 되는 시대도 아니다. 그저 돈 공부를 통해 어릴 때부터 돈을 자연스러운 삶의 일부분으로 받아들여야 한다.

부모라면 누구나 자녀가 행복하고 건강하기를 바란다. 그리고 자녀가 좋아하는 일을 하며 성공하기를 바란다. 하지만 부모들은 피아노 강습, 운동, 학교 공부 등 인격 양성 활동에는 참여하라고 권하면서, 경제적 성공을 거두는 데 필요한 방법을 가르치는 일에는 소홀히 하고 있다. 이런 맹점에서 벗어나고 아이 스스로 어릴 적부터 경제 지식을 쌓아야 한다.

자녀의 경제 교육은 돈을 벌기 위함이 아니다. 아이를 책임감 있는 인간으로 만드는 필수 과정이다. 자녀의 고유한 잠재력은 무엇이며, 자녀가 가지고 있는 기업가적 능력을 양성하려면 어떻게 해야 하는지, 그리고 자녀의 경제·경영 교육에 관해 다양하고 구체적인 지식을 전해준다.

이렇게 돈을 벌고 돈을 버는 방법을 가르치는 것은 모

두 돈이 인생에서 대단히 중요하기 때문이다. 많은 사람에게 삶의 궁극적 목적은 행복이다. 우리의 존재 목적이 행복임을 선험적으로 알고 있다. 따라서 우리는 행복을 추구할 권리와 이유가 분명하다. 돈이 인생의 모든 것은 아니지만, 많은 문제를 해결해주고 행복해지기 위한 기반을 마련해준다는 점은 명확하다. 우리는 행복해지기 위해 돈 공부를 하는 것이다. 이 책을 통해 행복한 부자들이 많아지기를 바란다.

2021년 4월

김진혁

contents

투자로 큰돈을 번 코스톨라니는 부자에 대해 "자신이 하고 싶은 일을 누구의 간섭도 받지 않고 언제든지 행할 수 있는 사람"이라고 정의했다. 간디는 "나는 재산이 없지만, 세상 제일 부자라고 생각한다. 나의 삶은 여유 있고, 편안하다"라고 말했다. 부자는 단순한 부의 소유자가 아니다.

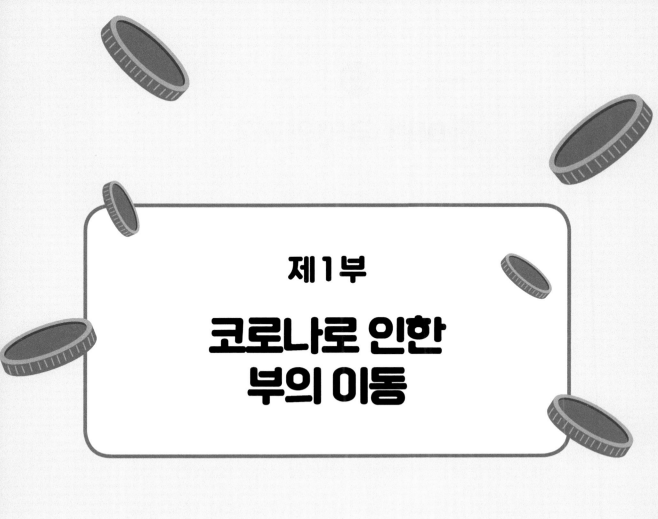

제1부

코로나로 인한
부의 이동

01
돈이란 무엇인가?

돈이 가진 힘

"바보야, 문제는 경제야!(It's the economy, Stupit!)"

이 말은 1992년 미국 대선에서 아버지 부시 대통령과 맞붙은 빌 클린턴 진영의 캐치프레이즈였다. 부시는 레이건 시절 부통령으로서 냉전 종식에 한몫했고, 대통령이 선출되어 걸프전까지 승리로 이끌면서 재선을 노리고 있었다. 하지만 전쟁의 뒤끝에 나온 불황으로 인해 재선에 실패했다. 통상 미국 선거는 재선이 쉬운 관례이지만, 클린턴이 경제를 선거판에 끌고 와서 승리를 거뒀다. 정치도 먹고사는 경제를 넘을 수가 없다.

돈은 무생물이지만, 인간에게 커다란 영향을 미친다. 돈에도 품격이 있다. 돈을 어떻게 쓰는지 살펴보면 그 사람의 인격을 알 수 있다. 돈에는 죄가 없다. 돈은 가치를 측정하는 척도일 뿐, 스스로 가치는 없다. 가치 측정 역시 객관적인 행위이고, 비인격적일 수밖에 없다. 돈의 형태는 고정적이지 않고 자본주의가 발달할수록 다양한 기능으로 대체된다.

인류 역사상 위대한 3대 발명품으로 돈, 불, 수레바퀴를 든다. 이 중 현재 우리 삶에 가장 큰 영향을 끼치는 것은 단연 돈이다. 모든 것은 효용성과 희소성의 가치를 갖고 있다. 돈은 그 가치를 측정하고 결정하기에 힘이 막강하다.

"신은 사람을 창조하고 사람은 옷을 만들지만 모든 것을 완성하는 것은 돈이다"라는 영국 속담이 있다. 돈은 세상의 튼튼한 기초이자 인간을 둘러싼 모든 것을 경제적 가치를 표현한다. 돈은 사물의 가치를 나타내며, 상품 교환을 매개하고, 재산 축적의 대상으로도 사용된다. 돈은 각 경제 주체의 거래 능력을 숫자로 나타낸 추상적인 개념이다. 물건을 효율적으로 구매하고 판매하기 위해 사회가 약속해 숫자로 정량화한 가치이다.

원시 사회에는 돈이 필요 없었다. 점차 생산력이 향상되면서 물물 교환이 빈번해지고 서로 원하는 물건과 품질이 달라 불편을 느꼈다. 이에 교환에 필요한 중간 매개체가 필요하여 생긴 것이 돈이다.

돈의 탄생 시기는 문자보다도 먼저 등장했을 가능성이 높다. 오늘날 화폐로 대표되는 돈이 있기에 경제 발전을 이루었다. 재력을 잠시 빌리는 대출의 가능해졌고, 빌린 것을 다시 갚겠다는 신용이 등장한 것이다. 이러한 개념들이 생기면서 경제 활동은 단순한 물품 거래 차원을 넘어 은행으로 대표되는 금융 세계로 확장되었다.

돈의 용도는 크게 네 가지로 상품과 서비스의 교환, 부채 해결, 다양한 물품에 대한 가격 책정, 그리고 부의 축적이다.

돈이 지녀야 할 물리적 속성이 몇 가지 있다. 휴대 간편해야 하며, 쉽게 마모되지 않아야 한다. 성분이 동일해야 하고, 나누기 쉽고, 알아보기 쉬워야 한다. 또한 보전이 용이해야 하고 교환하기에 편리해야 한다.

이외에도 돈은 상징적 혹은 관념적 특징을 가진다. 돈

은 수단이면서 목적이다. 선과 악이 되는 양면성을 부인할 수 없다.

누가 가장 부자일까?

부자와 빈자는 어떻게 돈을 사용하는지에 따라 차이가 생긴다. 품격 있는 부자와 천한 부자의 차이는 단순하다. 정당하게 돈을 벌어 주변 사람을 위해 돈을 사용하느냐, 혹은 억압하고 지배하고 착취하는 데 돈의 힘을 이용하느냐다. 돈은 정당하게 쓸 때 가치 있는 사람으로 남는다.

부자는 상대적인 개념으로, 돈이 없어도 부자가 될 수 있고 돈이 많아도 가난할 수 있다.

소크라테스는 "세상에서 누가 제일 부자인가?"라는 질문에 "가장 적은 것에 만족하는 사람"이라고 말했다. 만족이란 자연이 우리에게 선사한 가장 큰 부이기 때문이다"라고 답했다.

그러므로 누구나 만족은 소유를 늘리거나 욕심을 줄이면 부자가 된다. 하지만 소유를 늘리는 것은 상대적 개념으로 소유의 욕망과 한도가 없어 사실 어렵다. 반면 욕심을 줄이는 것은 마음먹기에 달려 있어 비교적 쉽다.

투자로 큰돈을 번 코스톨라니는 부자에 대해 "자신이 하고 싶은 일을 누구의 간섭도 받지 않고 언제든지 행할 수 있는 사람"이라고 정의했다.

간디는 "나는 재산이 없지만, 세상 제일 부자라고 생각한다. 나의 삶은 여유 있고, 편안하다"라고 말했다.

부자는 단순한 부의 소유자가 아니다. 가진 것을 품위 있게 사용하는 방법을 아는 자다.

돈의 사용에 있어 가장 중요한 덕목은 '겸손'이다. 자신을 품위 있게 드러내는 방법은 겸손이고, 자신을 낮출수록 높아지는 힘이 겸손이다. 오늘날 양극화가 심화되고 있지만, 그 해결책은 겸손에서 찾아야 한다. 사람은 누구나 교만한 사람을 좋아하지 않는다. 돈, 능력, 아름다움도 겸손의 바구니에 담길 때 가치가 발휘된다. 언제나 겸손은 높고 빛이 나는 인간의 지혜이자 미덕이다.

돈이 바로 행복으로 이어지지 않지만, 돈은 소명과 살아가는 기쁨을 실현하기 위한 도구라는 것에 의심의 여지가 없다.

02
코로나, 무엇을 가장 크게
바꿔놓았을까?

    '머니(Money)'는 하늘의 여신 '모네타(Moneta)'에서 유래되었다. '돈'이라는 이름은 돈이 여러 사람의 손을 거치는 '돌고 돈다'라는 데서 나왔다는 이야기도 있다. 돈은 우리에게 고통과 불안감을 주지만, 세상을 움직이게 하는 활력소이기도 하다.

    우리가 돈 공부를 해야 하는 이유는 분명하다. 하루도 돈 없는 세상을 상상하기 어려울 뿐만 아니라, 돈이 행복과 밀접한 관계가 있기 때문이다. 돈이 많다고 행복하고 돈이 적다고 불행한 것은 아니다. 돈은 수단이다. 돈을 제대로 활용하면 행복해지고, 돈을 섬기면 삶이 불행해진다.

누구나 자유와 행복을 원한다. 그렇지만 주머니에 돈이 없으면 현실은 지옥보다 더 끔찍할지도 모른다. 그러니 돈에 대해 제대로 알고, 돈으로부터 자유를 얻어야 한다. 돈은 권력이다. 많은 사람이 돈 있는 사람 말에 귀를 기울이고, 돈 있는 사람을 따른다.

투자하지 않으면 하락하는 돈의 가치

코로나19 팬데믹은 우리 삶을 송두리째 바꿨다. 코로나 블루(우울, 무기력증), 언택트(Untact), 재택·비대면 근무, 홈코노미(홈쿡, 홈술), 탈동조화(디커플링) 등의 뉴노멀 현상들이 생겨났다. 코로나 장기화로 소비, 투자, 고용 등 실물경기가 추락하고 있음에도 부동산, 주식 등 자산 시장은 최대 호황을 맞고 있다. 고소득층의 자산은 증가하고, 저소득층의 자산은 감소하는 이른바 양극화 현상이 나타났다.

최근 주식 시장에는 투자의 광풍이 휩쓸고 있다. 글로벌 증시 전반 역시 역사적 고평가 수준이다. 동시에 부채 증가, 금리 인상, 인플레이션 등의 리스크도 다가온다. 우리 주식 시장은 1980년 종합지수 100에서 출발한 후, 소위 경제 3저 호황으로 1989년 1000을 뚫었다. 2007년에는 2000선에 이르렀고 한동안 2000선 박스권에 머무르다 코로나 쇼크로 인해 2020년 3월 13일 장중 최저점인 1457까지 급락한 후 개미가 이끌어 3000선을 돌파했다. 시가총액 2170조, 신용 잔고 20조, 일일 개인 순매수 4조 원을 넘는 증시의 새로운 역사를 쓰고 있다. G20 국가 중 상승률이 가장 높은 것도 경이롭다. 미국 증시도 최고점을 돌파했다. S&P500 지수에 있는 온라인 동영상 스트리밍 서비스 기업 넷플릭스(Netflix) 주가는 2009년에 비해 40배, 아마존(Amazon)은 13배 증가했다. 전기차 제조사인 테슬라(Tesla)는 주가가 천정부지로 올라, 창업주 일론 머스크는 세계 최고 부자가 되었다.

주식 시장이 과열된 것 자체는 나쁜 일이 아니다. 실물 경제가 뒷받침되는 자산 가격의 상승이라면 무슨 문제가 되겠는가? 실물 경제는 꽁꽁 얼어붙은 상황에서 돈 벌겠다는 투자자들의 열풍은 현실과 괴리감이 있다. 가진 건 뭐든지 영혼까지 끌어모아 투자하는 영끌 투자, 담보나 신용으로 빚내서 투자하는 빚투, 국내 주식시장에 투자하는 동학개미, 미국과 글로벌 주식시장에 투자하는 서학개미, 열심히 일해도 현상유지조차 버거운 벼락거지 등 현시대를 나타내는 신조어가 등장했다.

주식도 모자라 비트코인 등 가상화폐 투자에까지 손을 뻗친 사람들도 늘고 있다. 그 중 청년들이 투자에 열중하는 것도 '열심히 일하고, 아끼고, 저축하는 것'만으로는 미래의 희망을 찾지 못한다고 여기기 때문이다. 자기 집 한 채 마련하기 어렵고, 원하는 전세조차 구하지 못해 변두리로 쫓겨가는 현실로 결혼마저 포기하게 만든다.

부동산 가격 역시 광풍이다. 지난해 전국의 주택 매매시장 규모는 사상 처음으로 300조 원을 넘어섰다. 전국 주택 가격은 5.36% 올라 9년 만에 최고 상승률을 기록하고, 전셋값도 5년 만에 가장 큰 4.61%를 기록했다. 또 가계 부채는 1682조 원으로 국민 총생산 대비 100%를 넘었다. '영끌'해서 빚으로 부동산을 산 것이다.

비트코인은 2017년 2만 달러를 넘으며 폭등하다가 2019년 초 3000달러 수준까지 폭락했었다. 그 후 디지털 금으로 간주하고, 가상화폐가 물가 상승 위험을 상쇄하는 안전자산이라는 관측으로 2021년 초 4만 달러를 돌파했다.

그러나 초유동성으로 위험 자산에 쏠리면서 사회 양극화는 더욱 심해졌다. 일자리가 사라진 근로자에게는 최악의 상황이지만, 빚내서 투자한 사람들은 자산을 크게 불렸다. 이로 인해 사회 전체의 위화감과 소득 격차가 늘어났다. 샤넬, 루이비통, 에르메스 등 해외 명품은 가격을 올린다는 소식만으로도 '오픈 런' 대란이 이어진다. 유니클로 불매 운동은 일어나도 명품을 사랑하는 마니아층은 여전히 두텁다. '샤테크(고가 제품이 소비 단계를 뛰어넘어서 재테크의 수단으로 쓰이는 현상)'도 한창이다. 이렇게 돈과 명품이 상류층의 신분 과시용으로 쓰이고 있다.

지금은 새로운 투자 시대다. 개미들은 주식 투자를 노후 대비 자산 증식 수단으로 만들었다. 코로나로 인해 만남과 이동이 제한되는 시대에 투자할 시간도 늘어났다.

버블인가, 트렌드인가?

지금은 일해서 받는 높은 연봉보다 강남 아파트와 저점에서 산 삼성전자 주식이 더 부러운 세상이다. 코로나19 확산에 따른 돈 풀기 정책은 화폐 가치 하락과 위험 자산 투자를 부추겼다. 금리 상승으로 유동성이 줄어들지 않는 한 이런 랠리는 지속될 것이다.

시중에 돈이 많이 풀리는데 나만 정체된 것 같은 박탈감이 심해진다. 자본소득이 근로소득보다 더 많은 이익을 내기 때문이다. 이로 인해 양극화는 심해진다. 벼락거지라는 신조어는 '열심히 일하고 아껴서 저축해도 삶의 형편은 오히려 낮아진 서민'을 이르는 말로, 체념과 분노의 정서가 묻어 있다.

코스피가 최초로 2000포인트에 진입한 2007년 7월 25일 이래 13년 5개월 만에 사상 최초로 3000선을 돌파했다. 코스피 시가총액도 2087조 원으로 역대 최고이고, 글로벌 증시와 비교해도 상대적 강세다. 코로나19가 확산된 2020년 3월 코스피는 최저점(1457포인트)으로 떨어졌다. 이후 G20 국가 중 가장 빠른 회복세를 보였다.

이런 회복은 개인투자자 매수세에 기인했다. 코로나19 이후 개인은 과거 위기와는 달리 증시의 급락 시기에도 매수세를 이어갔다. 그래서 개인 거래 비중이 69%로 급증했다. 이것은 글로벌 경기 회복에 기반을 둔 수출 증가와 국내 기업의 실적 개선 등 우리 증시의 기초 체력(펀더멘털)에 대한 긍정적 평가가 반영된 결과라고 한다.

그러나 실적 장세와 동떨어진 금융장세가 지속할지 궁금하다. 2021년 기업 경영 실적이 예상보다 좋게 나오지 않거나, 금리 인상 이야기가 나오면 코스피 붕괴 우려도 무시할 수 없다.

부동산 광풍은 언제까지?

대기업에 다니는 A 씨는 3년 전에 분당에 위치한 소형 아파트를 샀다. 원래 사려고 계획한 것은 아니었다. 아이와 살기에 너무 좁은 데다 집주인이 더 이상 전세 연장을 하지 않겠다고 했기 때문이다. 급하고 서러운 마음으로 주변 아파트를 수소문해서 직장 대출을 최대한 많이 받아 사버렸다. 당시 6억 원이었던 집값은 현재 10억 원이 넘는다. 그때 무리해서 사지 않았더라면 지금은 어쩔 뻔했는지, 기쁨보다는 안도감이 몰려온다.

50대 초반 변호사 B 씨는 고소득자다. 그는 경제와 금융 시장을 꿰뚫고 있을 정도로 박식하고, 인구 감소와 경기 하락을 예측한 집값 하락론자다. 돈은 넉넉하게 있지만, 부동산 하락을 예상하여 소유한 강남 집을 팔고 전세로 살고 있었다.

그런데 요즘 밤잠을 설친다. 3년 전에 집주인이 '집을 팔겠다'라고 제안했지만, 거절했기 때문이다. 현재 올라간 전세금이면 당시 집을 살 수 있는 금액이다. 한순간의 선택치고는 너무나 가혹한 결과다. B 씨의 아내는 지금이라도 집을 사든지, 이혼하든지 선택하라고 할 정도로 부부 사이가 틀어졌다.

결국 한 곳에서 전세로 오래 살기도 힘든 상황과 부인의 강요로 다른 아파트를 샀다. 그러다 부동산 가격 상승으로 인해 물질적·정신적 피해가 너무 커져서 대인기피증까지 생겼다.

우리나라 사람의 보유 자산 중 가장 큰 비중을 차지하는 건 단연 아파트다. 이제까지 부동산 불패 신화가 이어져 최고의 안전자산을 서울 핵심지의 아파트라고 여겼기 때문이다. 똘똘한 아파트가 부동산 상승을 견인하면 서울 주변, 수도권, 지방 주요 도시 순으로 '키 맞추기'가 전개된다.

지금은 투자의 시대

앞에서 말한 것처럼 실물경기가 뒷받침되지 않은 상황에서 풍부한 유동성으로 인해 투자 시장에 돈이 몰려 코스피 3000 고지를 넘어섰다. 역사적 전고점, 전례 없는 랠리가 이어지는 와중에 '버블' 논란이 본격화되고 있다. 증시 버블을 진단하는 지수나 전문가도 일제히 과열되었다고 하지만, 투자 열기는 식을 줄 모른다.

증시 과열을 판단하는 지표인 '버핏 지수'는 지난해 말 기준 124.5%까지 상승했다. 버핏 지수는 증시 시가총액을 명목 국내총생산(GDP)으로 나눈 것으로, 일반적으로 버핏 지수가 70~80% 수준이면 증시가 저평가된 것으로 보고, 100% 넘으면 거품이 낀 것으로 해석한다.

버블 여부를 측정하는 또 다른 지표는 이익 대비 주가 비율을 나타내는 주가수익비율(PER)이다. 작년 말 기준 코스피 12개월 선행 주가수익비율은 약 14배다. 국내 증시의 장기 평균선 10배, 2007년 역사적 고점 13배와 비교할 때 밸류에이션(가치 평가)이 커졌다.

코스피 12개월 선행 주가수익비율은 실적 추정치의 상향 폭과 주가 상승률을 통해 과열 여부를 측정할 수 있는 대표적인 지표다. 과열 지표 논란에도 불구하고 증권가에서는 현 증시 상황이 버블인지 아닌지에 대한 판단은 엇갈리고 있다.

버블이 아니라는 입장에서는 최근 장세는 중후장대한 산업 구조에서 반도체, 배터리, 바이오 등으로 중심축이 변화하며 증시 밸류에이션이 재평가되고, '코리아 디스카운트'가 해소되는 국면이라고 보고 있다.

반면 과열로 보는 측에서는 현재의 경기 침체 국면에서 주식 시장은 향후 기업 이익 회복에 강한 자신감이 반영된 결과이지만 정부의 대규모 경기 부양책에 전적으로 의존하고 있어 작은 충격에도 무너질 수 있다고 주장한다.

2000년대 초반, 미국 나스닥을 필두로 진행되었던 닷컴 버블의 붕괴가 있었다. 인터넷의 폭발적인 성장과 함께 장밋빛 전망이 뉴스를 뒤덮었다. IT 벤처 기업들이 세상을 지배할 것이라는 예측으로 관련 기업들의 주가는 날마다 폭등했다. 이러한 폭등장은 1995년부터 2000년까지 계속되었지만 인터넷 산업 발전 속도가 사람들의 기대치를 따라가지 못하자, 잔뜩 낀 버블이 사라졌다. 7000을 돌파했던 나스닥 지수가 심지어 몇 년에 걸쳐 75%까지 빠진 1700대까지 폭락했다.

2008년 서브프라임 모기지 사태와 거대 투자은행 리먼브라더스의 파산으로 인하여 촉발된 위기는 전 세계적으로 영향을 미쳤다. 당시 미국의 서브프라임 모기지는 신용 등급이 낮은 저소득층에게 주택 자금을 빌려주는 주택 담보 대출 상품이 성행했다. 무차별적인 은행들의 주택 담보 대출 남발에 금리가 오르자 바로 상환 능력이 없는 개인들이 부동산 매물을 던졌다. 그리고 가뜩이나 버블이 끼었던 부동산 시장의 가격이 폭락했다. 리먼브라더스의 파산과 함께 미국의 경제 위기는 본격적으로 시작되었고, 도미노 현상처럼 글로벌 금융 시장이 붕괴하고 곧장 전 세계의 증시를 강타했다.

과거와 현재의 팬데믹

2021년 현재 코로나19 바이러스의 세계적 대유행이 진정되지 않고 있다. 전 세계의 코로나19 누적 확진자가 9천만 명을 넘었다. 전문가에 따르면 코로나 시대가 일상이 될 것으로 예상한다.

전 세계 국가는 산업 재편은 물론 실물경기 방어를 위

한 돈 풀기를 계속하고 있다. 만약 경기 충격이 발생하거나 유동성 회수에 나서면 금융시스템 붕괴와 글로벌 실물 경기에 타격을 입힐 것이다.

현대의 팬데믹 사태는 중세 유럽의 대재앙이었던 페스트가 유행하던 때와 닮아 있다. 지난 14세기 발병한 페스트는 유럽 인구의 1/4이 사망할 정도로 혹독했다. 이때를 배경으로 집필된 소설이 바로《페스트》다. 이 소설을 쓴 알베르 카뮈(Albert Camus)는 알제리에서 태어나 43세에 노벨문학상을 수상했다.《페스트》는 공포와 죽음, 이별의 아픔 등 극한의 절망적인 상황 속에서의 인간 군상을 그려낸 작품으로, 오늘날 팬데믹 사태에서의 불안과 초조 현상을 연상케 한다.

소설에서 페스트는 1년이 지난 후 사라지는 것으로 끝나지만, 절망과 맞서는 길은 희망과 행복에 대한 의지임을 역설한다. 즉 현실이 아무리 잔혹하다 할지라도 희망을 놓지 않고 자신의 걸음을 이어 나가는 것이야말로 부조리한 세상에 대한 진정한 반항이라는 의미다.

코로나가 바꾼 업무 형태

벤처 스타트업에 다니는 A 과장은 몇 달째 재택근무를 하고 있다. 일주일에 한 번 사무실에 나가서 일정 확인이나 변동 사항을 점검하곤 다시 집으로 돌아와 업무를 한다. 집이 인천이라 출퇴근 시간만 3시간이 넘는다. 그래서 재택근무는 출퇴근 시간을 절약할 수 있다는 장점이 있다. 하지만 집에서 근무하다 보니 규칙적인 생활이 무너지는 느낌이다.

회사는 안전한 재택근무 환경을 만들기 위해 사설 VPN을 이용해 회사 네트워크에 접속하도록 하고, 직원들에게 업무용 PC에 악성코드와 랜섬웨어를 대비한 방어 솔루션의 탑재를 권장했다. 또한 재택근무로 인해 직원의 긴장감이 느슨해지지 않도록 수시로 점검한다.

재택근무가 얼마나 지속될지 모르겠지만, 코로나가 사라져서 다시 출퇴근하게 되면 이 회사에 계속 다닐지 의문이 생긴다.

지방대 특임 교수인 B 씨는 올해 방학 기간을 이용하여 마케팅 특강을 한 달 동안 진행하고 있다. 줌을 이용한 강의로 처음 접하는 교수에게는 다소 서먹서먹했지만,

학생들은 너무나도 자연스럽게 강의를 듣고 있다. 출석도 자동으로 확인할 수 있고, 상대방의 질문과 강의 호응도를 빠르게 체크할 수 있어 편리하다. 코로나가 완전히 사라지기 전까지 비대면 교육이 지속하지 않을까 생각된다.

코로나19로 촉발되어 늘어난 재택 및 원격 근무는 일시적인 현상에 그치지 않고 지속해서 늘어날 것으로 전망된다. 긍정적인 면도 있다. 기업 내 다수를 차지하는 젊은 직원들이 업무의 자율성과 유연성을 확보할 수 있기 때문이다.

코로나가 바꿔 놓은 소비 트렌드 및 비즈니스 시장의 변화를 살펴보자.

첫째, 언택트 비즈니스의 증가다. 정부 차원의 사회적 거리 두기 캠페인으로 직접적인 면대면 접촉을 꺼리게 되었다. 아이러니하게도 언택트 비즈니스는 호황을 맞고 있다. 자가 격리, 재택근무 등 실내에서 머무는 시간이 늘어나면서 온라인 쇼핑이나 배달 서비스 수요가 급증하였다.

소비 패턴이 외식 대신 집으로, 오프라인 쇼핑 대신 온라인 쇼핑으로 옮겨갔다. 쿠팡의 로켓배송 출고량과 이마트 온라인몰 주문량이 대폭 늘었다. 코로나 사태가 장기화되고 바깥 활동을 자제하게 되면서 언택트 비즈니스는 취미 및 여가 생활까지도 확대되었다. 그중 홈 엔터테인먼트의 다양한 취미 활동을 동영상을 통해 배우는 모바일 앱이 상승곡선을 그린다.

둘째, 제4차 산업혁명 기술의 활약과 대중화가 빨라지고 있다. 중국의 대표적인 전자상거래 업체인 징둥닷컴은 우한 의료진을 위해 무인 차량으로 의료품을 배달했다. 중국 허베이성에서는 드론을 통한 배달 서비스가 진행됐다. 호텔에 격리된 고객들을 위해 룸서비스를 제공하는 로봇 영상이 온라인상에서 화제가 되기도 했다.

국내에서도 코로나19 역학 조사에 더욱 진화된 시스템을 활용하였다. IT 기술을 통해 확진자 이동 동선과 시간대별 체류 지점을 자동으로 파악할 수 있었다.

셋째, 글로벌 공급 체인망 다변화이다. 그동안 값싼 인건비와 풍부한 노동력을 이유로 글로벌 기업들은 주로 중국 지역을 중심으로 생산 및 유통 공급망을 형성하고 있었다. 2019년 중국 제조업이 전 세계에서 차지하는 비중은 무려 29%에 달했는데, 코로나19 사태로 인해 중국의 전 산업이 직격탄을 맞아 중국 공장들이 가동을 멈췄다. 그 결과, 전 세계 글로벌 기업들의 생산 및 유통 과정에도 큰 차질이 생겨, 많은 기업이 생산 시설 및 공급 체인망을 분산시켜 기업 리스크를 줄이려 한다.

현명한 투자 원칙을 세우면 혼란 속에서도 빛나는 투자가 가능하다. 우량주 선정, 자산 배분, 매입 시기 분산 등이 요구된다. 증시는 실물 경제를 반영하는 거울이다. 경제가 좋지 않음에도 증시가 나 홀로 위로 상승하기는 어렵다. 단편적인 정보만으로 투자하다가 그 판단이 빗나갔을 때는 더 큰 손실을 볼 수 있어 평소 금융 공부에 꾸준히 관심을 가져야 한다.

바이러스가 바꾼 것들

코로나의 영향

지금은 트로트 전성시대다. 트로트 프로그램과 각종 음원 사이트 차트를 장식하고, 팬층이 다양하다. 필자 역시 트로트 보는 재미에 푹 빠졌다. 트로트는 4분의 4박자를 기본으로 하는 한국 대중가요의 한 장르이다.

트로트 열풍이 얼마까지 갈지 모르겠지만, 트로트를 듣고 있노라면 어느새 눈물과 감정에 절로 이입되는 것을 느낀다.

평론가이자 언론인인 이어령 교수는 신년 특별 대담에서 "코로나를 끝내고 몸과 더불어 영혼을 치유할 수 있는 길은 인간만이 흘릴 수 있는 눈물 한 방울이며 사람들이 얼마나 눈물을 갈구하는지는 최근 트로트 붐을 통해서도 알 수 있다"라고 말했다. 덧붙여서 "유발 하라리나 제레미 다이아몬드 같은 지식인이 외치는 백 마디 말도 트로트 한 곡이 주는 위로를 당하지 못한다"고 트로트의 진정성을 피력했다.

예기치 못한 바이러스가 지구를 완전히 뒤집어놓았다. 그 예로 전쟁으로 얼룩졌던 시리아와 리비아의 9년간 내전이 멈추었고, 사우디아라비아와 예멘의 휴전을 앞당기기도 했다. 중국의 석탄 소비가 줄어 대기 오염으로 인한 감기 환자는 크게 줄었다.

이에 반비례해 세계 지도자들에 대한 신뢰는 떨어졌다. '시황제'로 불리는 시진핑 중국 주석은 미숙한 대응, 불투명한 정보 공개 등으로 지도력에 균열이 생겼다. 도쿄 올림픽을 의식해 방역에 소극적이었던 아베 신조 일본 총리도 '청정 일본' 이미지를 추락시켜, 결국 건강을 이유로 역대 최장수 총리에서 사임했다. 도널드 트럼프 미국 대통령은 막대한 지원금을 뿌렸음에도 방역 실패로 인해 재선에 실패했다.

현금 확보의 어려움

20세기 초 대공황 수준으로 불리는 팬데믹은 산업에도 명암이 갈리게 했다. 자영업, 중소기업들은 경기 침체, 소비 감소의 직격탄으로 매출이 대폭 감소했다.

반면 코로나19로 집콕하는 사람들이 많아지면서 콘텐츠 산업은 수혜를 보고 있다. 대표적인 업체가 유튜브와 넷플릭스다. 언택트 산업의 온라인 마켓도 성장하고 있다. 비대면 채널과 편리하고 빠른 배송, 다양한 상품, 저렴한 가격 등으로 소비자들의 지갑을 열게 했다.

그러나 대중음악 업계는 공연 연기·취소로 인해 손해를 보고 있다. YG, 하이브 등이 흥행시킨 '온라인 콘서트'는 호황을 누리고 있다. 코로나 진단 도구 제조업체들은 호황을 맞고 있지만, 전통적인 기업들은 도산 위기에 몰려 수혜 입은 산업과 그렇지 못한 산업이 갈리고 있다.

코로나19 사태 이후 증가하는 가계 부채가 한국경제의 뇌관이 될 수 있다는 우려가 커지고 있다. 한국은행 통계에 따르면 가계 부채 잔액이 2002년 말 이후 최대 규모로 불어났다. 빚으로 부동산, 주식 등에 투자했기 때문이다. 가계 대출 연체율도 빠르게 증가하고 있다.

돈이 제대로 돌아야 국가 경제가 좋아지고 돈의 가치도 높아지는데, 최근 5만 원 권의 회수율이 20%도 채 되지 못한 채 낮아지고 있다. 경제적 불확실성이 커지면서 현금 확보 수요가 늘어났다. 은행에 입금해봐야 이자가 없으니 집안 장롱 속에 잠자는 5만 원 권이 크게 늘었다. 또 중소기업이나 자영업자들의 비상용 현금 수요도 급격히 늘었다.

돈은 자본주의 국가의 잣대와 철학을 나타낸다. 현금 확보에 공을 들이는 것은 경제에 대한 기대와 국가적인 철학이 없다는 방증이기도 하다.

세계은행이 2007년 내놓은 '국부는 어디에서 오는가(Where is the wealth of nations)' 보고서에서 "한 나라의 부는 법질서와 신뢰, 지식 경쟁력 등 사회적 자본에서 나온다"라고 지적했다.

1972년 노벨경제학상을 받은 경제학자 케네스 애로(Kenneth Arrow)는 "모든 상거래는 신뢰라는 요소를 지니고 있으며, 경제적 후진성의 대부분은 상호 신뢰의 결핍으로 설명할 수 있다"라고 지적한다.

경제 성장이나 국민 소득도 중요하지만. 우리 사회의 발전을 가로막는 것은 상호 신뢰가 없기 때문이다.

2021년은 어떤 투자 전략을 세워야 할 것인지를 고민해야 하는 때다.
투자는 자신과의 외로운 싸움이다. 남의 말에 의존할 필요도 없고,
전적으로 자기 책임 아래에서 이루어져야 할 것이다.

제 2 부

부자가 되기 위한
습관

01

코로나 시대의 돈 관리

지금은 투자 시대다. 돈 공부 없이 시장에 뛰어드는 것은 위험하다. 투자 종목을 고르기보다는 시간을 얻어야 한다. 기업의 밸류에이션은 과거의 실적이 아닌 성장 가능성에서 찾아야 한다. 아마존, 테슬라, 텐센트 등도 처음에는 스타트업에 불과했다.

보통 돈 잘 버는 사람을 '부자'라고 한다. 이들의 공통점은 심리적인 불안감을 해소하고, 돈 냄새를 맡아 집중하는 힘이 있다. 어떤 상황에서도 이기고 생존하는 투자다. 가치투자의 달인 워런 버핏은 "삶의 원칙이 곧 투자의 원칙이다!"라는 투자 철학을 고수한다. 수많은 도전과 실패를 인내와 열정으로 극복했다. 사람들은 그의 성공 이유를 독서에서 찾는다. 사무실에 출근해 가장 먼저 하는 일은 책을 읽는 것이다. 일을 마치고 퇴근하면 다시 책을 읽는다.

페이스북 CEO 마크 저커버그는 일주일에 최소 3일은 아침에 달리는 운동 애호가다. 건강하다면 더 많은 에너지를 얻을 수 있다는 소신을 갖고 있다.

만약 돈이 없거나 삶이 허덕이고 있다면 이때가 생각할 적기다. 부족한 돈을 상상력과 독창성으로 극복해야 한다. 가난한 가정에서 태어난 것은 죄가 아니지만, 가난하게 사는 것은 부끄러운 일이다.

코로나19 시대의 돈 관리

신종 코로나바이러스는 과거 사스(SARS)나 메르스(MERS)보다 훨씬 강한 전염성으로 미국에서만 사망자는 37만 명으로, 제2차 세계대전 때 죽은 미군 숫자보다도 많다. 주식 시장, 미국 국채, 유가, 금 등 금융 시장 전반의 불확실성이 전례 없는 수준으로 커졌다. 이러한 특별한 상황에 적절한 자산관리법을 소개한다.

첫째, 위기 속에 기회가 있다.

평소에 현명한 자산관리를 위한 공부가 필요하다. 정보를 파악하지 않고 위험 자산에 투자하는 것은 일종의 도박이나 다름없다. 경제를 이끄는 산업에 관심을 가져야 한다. 증시가 크게 하락했을 때 장기 투자를 염두에 두는 것도 한 방법이다. 개별 종목은 상승하지 못하거나 아예 상장폐지가 될 가능성도 있기 때문에 신중하게 투자해야 한다. 개별 종목보다는 주가지수를 추종하는 ETF나 인덱스펀드에 투자하는 것이 더 안정적 방법이다.

둘째, 자금 활용 계획에 맞춰 여유 자금으로 투자한다.

투자하기 전에는 자산관리 계획을 세우고 여유 자금으로만 투자한다. 특히 위기 상황에선 더욱 그렇다. 예를 들어 6개월 후 대출을 갚아야 하는 돈으로 투자를 했는데 예상했던 수익률이 나오지 않거나 심지어 손실이 발생하게 되면 대출도 제때 갚지 못하고 손실도 입는 이중고가 발생한다.

셋째, 돈의 원칙을 지킨다.

당장 수익 발생하는 산업과 종목에 투자한다. 또한 투자금을 잃지 않으려는 노력은 필수다.

넷째, 자산관리로 노후에 대비한다.

현명한 사람은 지금 현재의 쾌락을 좇는 자가 아니라 노후를 대비하는 자다.

현대는 불확실성이 많아 미래를 예측하기 어렵다. 섣부르게 미래를 예측하여 투자 손실을 보는 경우는 다반사다. 어떤 전략을 취할 것인가는 개인의 선택에 달려 있다. 자신의 투자 성향, 여유 자금 여부, 향후 자금 활용 계획 등 선택에 영향을 미칠 수 있는 요인은 많다. 그중에서도 자신의 투자 성향에 맞게 자산을 관리하는 것이 중요하다. 은행이나 증권사에서 펀드 같은 투자 상품에 가입할 때 묻는 말이 있다. '투자 시 원금에 손실이 나더라도 감수할 수 있다'라는 말을 허투로 듣지 말아야 한다.

투자 성향이란 개인이 투자 시 얼마나 손실을 감내할 수 있는지를 판가름한다. 위험 선호도의 성향에 따라 크게 3가지로 구분할 수 있다.

첫째로 안정형 추구자인데, 절대로 원금을 잃어서는 안 된다고 생각하는 원금 보전을 중시하는 사람들이다. 원금을 보장받으려면 은행 예금을 하면 된다. 이자가 적어서 10억을 예금해도 월 80만 원 받기 어렵다.

둘째는 위험 중립형이다. 원금 손실을 일부 감내할 수 있는 투자자로 공격과 안정적 투자자 사이에 위치한다. 자산을 안전 자산과 위험 자산에 나눠 투자해 손실이 발생하더라도 위험 자산에 투자한 비율만큼만 손실을 본다.

안전 자산과 위험 자산에 어느 정도의 비율을 분배하느냐에 따라 적극 투자형, 안정 추구형으로 구분하기도 한다. 위험 중립형인 투자자는 자산 배분을 통한 분산 투자에 중점을 둬야 한다. 안전 자산은 예금, 적금, 금, 채권 등이 있다.

셋째인 공격형은 자산 대부분을 위험 자산에 투자하는 투자자를 말한다. 위험 자산은 일반적으로 주식, 파생상품 등은 고위험, 혹은 초고위험 상품 등이다. 여러 분야의 주식에 분산 투자해 위험을 줄일 수 있지만, 이번 코로나 사태처럼 증시 전체가 하락하는 상황이 발생하면 꼼짝없이 손해를 봐야 한다.

다만 증시가 하락하는 경우에 인버스 상품 등에 투자하면 이익을 얻게 된다. 국가나 개인의 발전은 도전의 결과이다.

부자 습관, 백만장자로 만드는 10가지 원칙

매년 부자되는 비법을 제시하는 각종 서적들이 쏟아지고, 재테크 강연장마다 사람들로 넘쳐난다. 누구나 부자되기를 열망한다. 하지만 부자가 되고 싶다고 아무나 되는 것은 아니다.

'행복=돈'은 아니지만, '인생=돈'이 아니라고는 말하기 어렵다. 돈은 부채와 교환의 대상을 넘어 기회의 수단이다. 돈이 인생 문제의 대부분을 해결할 수 있고, 행복하기 위한 보다 많은 선택을 제공하기 때문이다. 돈은 내가 얼마나 더 나아지고 있는지를 측정하는 기준이다.

부자란 통장에 쌓여 있는 돈의 액수가 아니라, 습관이 어떠한지에 달렸다. 부자와 빈자의 차이는 사소하다. 부자는 부자 습관으로 성공의 열쇠를 가졌지만, 빈자는 실패를 향해 열린 창문과 같은 나쁜 습관을 가졌다. 그래서 부자가 되고 싶다면 무엇보다도 좋은 습관을 만들고 그 습관을 철저히 따라야 한다.

백만장자의 공통된 습관으로, 그들은 말하기보단 듣는 것을 잘하며, 침묵의 시간을 통해 여백을 만든다는 점을 들 수 있다. 그들은 일이 즐겁다고 시각화하고, 핑계를 대기 전에 운동을 시작한다. 또 통찰력을 키우기 위해 독서와 글쓰기를 정규적으로 실행에 옮긴다.

마케팅 용어 중 '디드로 효과(Diderot effect)'라는 것이 있다. 하나의 물건을 가지면 그것에 어울리는 물건을 계속 사게 되는 현상인데, 제품 간의 조화를 추구하는 욕구가 소비와 충동구매로 이어진다.

18세기 프랑스의 대표적 계몽주의 사상가, 백과전서파인 드니 디드로(Denis Diderot)는 궁핍했다. 딸의 결혼 비용이 없어 소장하고 있던 책들을 러시아 황제에게 팔아야만 했다. 새 주인이 된 예카테리나 2세는 무슨 이유에선지 책들을 파리에 그냥 두고 관리만 해달라고 주문했다. 장서 소유주였던 디드로의 위치가 일순간에 월급 받는 사서로 격하되었다.

그러던 어느 날 친구로부터 침실 가운을 선물 받았다. 그는 그때까지 입던 낡은 가운을 과감히 버렸다. 새 옷을 입고 느긋하게 서재에 앉았더니 이게 어찌된 일인가? 그 때까지 멀쩡하게 잘 쓰던 책상이 그렇게 초라해 보일 수 없었다. 그래서 새 책상을 들여왔는데 이번엔 책장이 영 눈에 거슬렸다. 새 책장, 다음에는 의자, 결국 완전히 새로운 서재로 바뀌고 말았다. 하지만 그는 기쁘지 않았다. 욕망은 만족할 줄 모르는 부자이기 때문이다.

행복은 물질과는 직접적인 관계가 없다. 행복은 얼마나 많은 것을 가졌느냐가 아니라, 가진 것을 즐길 줄 알 때 마음의 평화가 다가온다. 이따금 생활의 속도를 늦추는 여유와 함께 분수에 맞지 않는 욕심을 버리면 얼마든지 행복해질 수 있다. 부와 행복을 함께 쌓아나가기 위해서는 다음과 같은 원칙을 지켜야 한다.

첫째, 하고 싶은 일을 하라.

자신의 분야에서 최고가 되면 수익은 저절로 늘어나 부를 이룰 수 있는 가장 정직한 방법이다. 하지만 자신이 좋아하는 일을 찾기가 쉽지 않고, 사업에 실패하면 깡통을 찰 위험이 있다.

둘째, 자산을 관리하고 재무 설계를 하라.

이제 직장 한 곳에서 오래 직장 생활하기가 어렵고 임원이 되기 위해서는 엄청난 노력이 필요하다. 빠른 패러다임 시대에 자칫하면 근무하던 직종이 사라진다. 그래서 많은 사람이 빠른 시간에 돈을 모으고 싶은 욕망 때문에 다단계나 불법 영업의 사기에 걸려든다.

돈을 버는 것은 나무를 심는 것과 같아 충분한 시간을 투자해야 비로소 숲을 이룬다. 돈을 모아야 하는 목표와 방법이 분명해야 한다. 준비되지 않은 재테크는 재테크가 아니다.

셋째, 시간에 투자하라.

이 방법은 일을 하면서 일정 금액을 모아서 좋은 회사에 간접 투자하는 방식이다. 예를 들면 비록 삼성전자에 근무하지는 않지만, 투자를 통해 주주가 되고 회사가 이익을 많이 내면 덩달아 자신도 부자가 된다. 나를 대신해서 돈을 벌어주는 방법이다.

효과를 내기 위해서는 업황에 대한 리스크는 물론 평생 공부와 올바른 투자 원칙을 갖고 있어야 한다. 투자의 대가가 되는 것은 유대인들이 부자되는 방법이기도 하다. 투자에 성공하기 위해서는 장기 투자와 복리의 원리를 알아야 한다. 재테크는 좋은 학벌, 경험과 연륜보다는 먼저 시작하는 것이 유리하다.

넷째, 목표를 정하라.

금리 1%도 소중히 여긴다. 복리 효과는 단 1% 차이라도 수익률에 큰 차이를 낳는다. 재테크는 속도보다 방향이 더욱 중요하다. 세금도 아껴라. 장기주택 마련저축이나 펀드는 비과세 혜택은 물론 소득공제까지 받을 수 있다.

다섯째, 빨리 부자가 되려는 욕망을 버려라.

부는 집을 짓는 것처럼 쌓아나가야 한다. 부자는 시간의 복리 효과를 활용한다. 졸속하게 부자가 되는 것은 사기나 불법 다단계일 경우가 많다.

여섯째, 자산을 배분하라.

미국의 한 유명 언론의 조사에 따르면, 부자들의 91.3%가 자산 배분을 통해서 부를 이뤘다고 한다. 자산 배분은 분산 투자와는 다르다. IMF 때 부동산 부자(기업)들이 도산했다.

일곱째, 은퇴 준비를 서둘러라.

은퇴 준비는 선택이 아닌 필수사항이다. 은퇴 준비에는 '5% 룰'이 있다. 현재 소비하는 자금의 5%를 노후를 위해 추가로 모으는 것이다. 노후를 대비한 투자를 늦출수록 은퇴 준비 비용은 기하급수적으로 증가한다.

여덟째, 전문가에게 맡기고 시스템화하라.

급변하는 금융환경과 다양해질 금융상품의 변화를 개인투자자들이 따라갈 수 없다. 특히 재테크는 혼자 하기 어렵다. 전문가를 곁에 두면 리스크를 줄임과 동시에 수익률도 상승시키는 방법을 모색하게 된다.

아홉째, 지금 실행하라.

펀드나 주식은 들어가는 시기가 그다지 중요하지 않고

오히려 나오는 타이밍에서 수익률이 결정된다. 재테크의
최대 적은 게으름이다.

열째, 즐겁게 일하라.

잘하는 사람은 열심히 하는 사람을 이길 수 없고, 열심
히 하는 사람은 즐기는 사람을 이길 수 없다.

돈은 물건에 가해지는 수요와 공급의 기록하는 의사소
통일 뿐이다. 돈만을 찾아 나선 사람은 막상 큰돈을 벌어도
불행해지는 경우도 많다. 돈은 마음의 상태에 따라 착한 하
인이 되거나 악한 주인이 되기도 한다. 하고 싶은 일을 당
장 시작할 수 있다면 돈에 대해 큰 걱정할 필요가 없다.

시간은 단순히 인생을 나누는 단위가 아니다. 되돌릴
수 없는 보물이다. 매 순간 소중히 여기고 시간을 아껴라.
돈의 수입이 생활의 만족도가 높이지 않는다. 돈은 행복
을 위한 도구와 과정일 뿐 종착역이 아니다.

ESG(환경·사회공헌·지배구조) 경영

기업 활동과 투자 시장의 최대 화두로 ESG가 부상

했다. ESG는 환경(Environment), 사회(Social), 지배구조(Governance)의 약자로, 기업의 비재무적인 성과와 지속 가능성을 평가하는 기준이다.

기업들은 오랫동안 효율과 이윤 극대화를 최고의 선으로 여겼다. '기업은 법률이 요구하는 이상의 사회적 책임을 지지 않는다'라는 원칙이 있었다. 하지만 단기 이익만을 추구하는 일부 기업의 위험하고 불법적 행위로 인해 사회적 문제를 불러일으켰다. 미국 화학기업 듀폰은 1931년 '기적의 냉매'라며 프레온이라는 냉각제를 개발해 에어컨 등에 사용하다 대기의 오존층을 파괴한다는 사실이 드러나 국제적인 퇴출 운동이 벌어졌다.

미국 석유업체 엑슨모빌은 주주총회 때 주주들의 온실가스 감축 촉구 결의안을 거부하면서 기업 가치가 급락하고 투자자들로부터 소송을 당했다.

ESG가 본격적으로 도입된 것은 2000년대 초반이다. 코피 아난 전 유엔 사무총장은 2004년 세계 각국의 금융회사에 지속 가능한 투자를 위한 기준 개발에 동참해달라고 요청했다. 금융회사 및 글로벌 자산 운영사들도 ESG라는 요소를 활용해 투자 대상 기업을 평가하고, 이 내용이 2006년 '유엔 책임투자 원칙'에 반영됐다. 과거의 패러다임에 안주해서는 투자 유치를 기대하기 어렵다. ESG 경영이 지표화하여 평가에 활용된 것이다. 유럽연합은 새로운 국제회계기준에서 ESG를 재무제표에 반영하려고 한다. 국민연금은 평가 체계를 마련해 2022년부터 주식 투자에 ESG 원칙을 적용할 예정이다.

그동안 기업의 사회적 공헌은 기부나 봉사활동, 문화예술 후원 등 자발적 돕기 수준이었다. 그러다 향후 ESG라는 새로운 과제를 부여받게 된 것이다. 구체적으로 환경 분야는 청정 기술의 사용이나 탄소 배출 저감 활동, 환경 오염 및 유독 물질 배출 차단, 천연자원 활용 등을 요구한다. 사회 분야에서는 고용, 양성평등, 인권 존중, 직원 건강과 안전보호, 제조물의 안전과 품질 확보, 데이터 보안, 공급망 관리 등이 중시된다. 지배구조는 이사회 구성이나 임원 보수의 적절성, 준법경영 등 얼마나 기업을 투명하게 운영하는지를 따진다.

ESG 경영은 글로벌 규범인 동시에 기업의 위기이자 기회인 양날의 검으로 작용할 것이다. 그 핵심은 기업 윤리 및 철학적 마인드로, 코로나 이후 경영의 뉴노멀이 되었다.

ESG 분야의 가장 큰 화두는 기후 변화다. 온실가스 배출을 줄이기 위해 세계 각국이 탄소 중립(net zero) 사회로의 전환을 추진하고 있고, 제조업 비중 높은 한국 경제에 부담이 클 것이다. 하지만 화석 연료를 기반으로 하는 기업들은 생존하기 어려워지고, 반면 녹색 뉴딜 정책을 기반으로 한 친환경 소재, 배터리 업체들이 더 탄탄해지는 기회가 될 것이다.

예컨대 애플, 구글, 월마트 등은 2050년 이전에 필요한 전력의 100%를 태양광 풍력 등 재생에너지로만 충당한다는 'RE100(Renewable Energy 100) 캠페인'에 참여하겠다고 선언했다. 아마존은 ESG 경영을 준수하는 곳과 거래를 늘리겠다고 했다.

아웃도어 브랜드 노스페이스는 자연에서 물과 이산화탄소로 생분해한 재킷을 선보였다. SK그룹은 경영에서 ESG 목표를 설정하고 성과 측정한다. 현대자동차는 미래 키워드로 '친환경'으로 꼽고 전기차와 수소차 육성을 그룹의 미래로 삼았다.

향후 10년간은 친환경과 지속 가능성을 경영전략이 대세다. 국민연금도 전체 운용자산(약 752조 원)의 4% 수준인 ESG 관련 투자를 내년에 59%까지 늘린다고 한다.

모 신문의 소비자 조사에서 전체 응답자의 83%는 "제품을 구매할 때 사회적 평판에 영향을 받는다"고 했다. 기업의 존재 이유는 '이윤 창출'이다. 하지만 소비자의 선택권이 넓어진 공급이 넘치는 시대에는 ESG가 지속 가능한 기업의 잣대가 되고 있다. 5G·AI·빅데이터·클라우드·드론 등 신사업에도 ESG의 도전과 혁신이 전제돼야 한다.

중산층을 나누는 기준

2017년 모 설문 조사에서 중산층 기준을 아파트 30평대 자가 소유, 월 500만 원 이상 급여, 1억 원대 통장 잔고, 중형자동차 보유, 해외여행 1년에 한 번 이상으로 규정했다.

세계적으로 통일된 기준은 없다. 경제협력개발기구의 경우 소득의 중간값의 50~150%의 소득계층을 중산층으로 보고 있다. 경제협력개발기구는 중위소득의 50% 미만을 빈곤층, 50~150% 미만을 중산층, 150% 이상을 고소득층으로 분류하고 있다.

우리는 중산층 기준이 모두 돈과 관련되어 있고 이전까지 국민 60% 이상이 자신을 중산층이라고 생각했다.

최근의 부동산값 폭등과 자영업자 붕괴, 고용불안이 심각해진 오늘날 과연 얼마나 많은 사람을 중산층이라고 볼 수 있을지 궁금하다. 빅테크 기업과 언택트 사업은 사상 최고의 호황을 누리며, 억대 연봉자들이 늘어나고 있다. 반면 비정규직도 많다.

중산층 해체는 사회통합을 저해하고 민주주의를 위협한다. 선진국의 중산층은 물질이 아니라, 정신적이고 질적인 개념으로 판단한다.

1970년대 재임했던 퐁피두 대통령이 말한 프랑스 중산층 기준은 이렇다.

"외국어를 하나 정도 할 수 있어야 하고 직접 즐기는 스포츠가 있어야 하고 다룰 줄 아는 악기가 있어야 하며 남들과 다른 맛을 낼 수 있는 요리를 만들 수 있어야 하고 약자를 도우며 봉사활동을 꾸준히 해야 하고 공분에 의연히 참여해야 한다."

영국 옥스퍼드 대학에서 제시한 중산층 기준은 첫째로 페어플레이할 것, 둘째로 자신의 주장과 신념을 가질 것, 셋째로 독선적으로 행동하지 말 것, 넷째로 약자를 두둔하고 강자에 대응할 것, 다섯째로 불의, 불평, 불법에 의연히 대처할 것을 든다.

미국 중산층 기준은 "자신의 주장에 떳떳하고 사회적인 약자를 도와야 하며 부정과 불법에 저항하며 그 외, 테이블 위에 정기적으로 받아 보는 비평지가 놓여 있어야 한다"고 공립학교에서 직접 가르친다.

세계에서 가장 가난한 대통령은 우루과이의 호세 무히카 대통령이다. 그는 월급의 3분의 2는 기부를 하고, 3분의 1만으로 생활한다. 대통령 궁도 노숙자 쉼터로 내주었다.

무히카 대통령은 사람이 사는 목적은 잘살기 위함보다는 행복함에 있다고 말하며 스스로 실천하고 있다. 그는 자신과 다른 나라 대통령을 비교하지 않는다. 자신을 그저 동네 아저씨라고 불러 주기를 바라며 퇴직 후에는 수도 외곽 지역에서 농사를 짓고 살고 있다.

우리는 평생 중산층으로 살기가 어렵다. 젊었을 때야 노동을 통해 언제든지 돈을 벌 수 있다고 생각되지만, 나이 들면 상황은 달라진다. 한창때 소비 습관을 잘 파악하고 규모 있게 살아야 하는 것은 물론이고 연금의 확보와 올바른 투자를 통해 평생 소득 개념을 염두에 두어야 한다.

중산층은 허례허식의 거품을 확 빼야 한다. 직장 수입만으로는 아무리 생활비를 아껴도 노후 안정이 보장되지 못한다. 어릴 때부터 돈 공부를 통해 투자를 해야 한다.

한국은 고령화 추세가 빨라지면서 노인빈곤율도 경제협력개발기구 주요 회원국 중 가장 높다. 노인빈곤율은 국내 65세 이상 인구 중 중위소득(소득 규모를 한 줄로 세웠을 때 한가운데에 오는 소득)의 50%가 되지 않는 인구 비율을 말한다.

최근 통계청이 발표한 2020 고령자 통계를 보면 노인의 상대적 빈곤율은 44%에 달했다. 그러니 은퇴 이후에도 조금이라도 수입을 늘리는 방법을 찾아야 한다. 비정규직, 파트타임, 투잡 혹은 부업도 생각해봐야 한다. 평생 직장은 드물다.

돈은 태어날 때부터 갖고 오는 것이 아니며 죽을 때 가져갈 수도 없다. 돈이 있으면 용이 되고 돈이 없으면 벌레 취급을 받는다. 돈 앞에는 부모 자식도 남남인 세상이다. 돈 없는 젊은이는 되어도 돈 없는 노인이 되어서는 곤란하다. 돈 있는 부모에게 자식은 효자가 된다. 어느 논문에 따르면 통계적으로 부모 소득의 1%가 높아지면 부모와 자녀가 1주일에 한 번 이상 대면할 가능성이 2배가 높다고 한다.

블랙 스완

2008년 11월 글로벌 금융 위기 당시 영국 엘리자베스 2세 여왕은 런던정경대(LSE)를 방문한 자리에서 "끔찍한 일이다. 왜 그 누구도 금융 위기를 예견하지 못했는가?"라고 한탄했었다.

그 많은 똑똑한 경제학자 중에는 부자가 많지 않을까? 높은 연봉을 많이 받는 금융인들이 위기를 간파하지 못했는지가 의문이다. 정답일 수 없겠지만 경제학자들이 알고 있는 것은 화폐에 관한 연구 학문일 뿐이다. 돈 버는 것은 이론이 아닌 흙탕물 속에서 발견하는 진주와 같다.

블랙 스완은 나심 니컬러스 탈레브가 출간한《검은 백조》라는 책에서 소개된 개념이다. 도저히 일어날 것 같지 않지만, 만약 발생하면 시장에 엄청난 충격을 몰고 오는 사건을 말한다.

1697년 호주 대륙에서 검은 백조가 발견되기 전까지 유럽 사람들은 모두 백조는 당연히 흰색이라고 생각했다. 하지만 검은 백조를 발견하면서 과거의 경험에 근거한 판단이 반드시 옳은 것은 아니라는 것을 배우게 된다.

시인 헨리 테일러의《인생 비망록》에서 돈의 사용법을 들려준다.

"돈을 벌고 쓰고, 저축하고 남과 주고받고, 빌려주거나 빌리고, 후손에게 물려주는 기준과 방식이 올바른 사람은 완벽한 사람이라고 말할 수 있다."

돈이 없으면 다른 것을 생각하지 않고 돈이 있으면 다른 것을 생각한다. 돈은 기쁨을 선사하는 사랑과 같고 두려움을 일으키는 죽음과 같다.

나눔의 기술

인류 역사상 최고의 부자는 단연 록펠러이다. 1937년도의 재산을 지금 돈으로 환산하면 최고 부자 아마존닷컴 창업자인 제프 베조스의 자산 1120억 달러의 4배라고 한다. 록펠러는 자수성가해서 30대의 젊은 나이에 미국 석유의 90%를 지배했고, 거의 모든 산업에 문어발 확장을 했다. 록펠러는 사업적으로 무자비하고 경쟁자를 모든 수단과 방법을 동원해서 박살을 내는 걸로 유명하다.

55세에 록펠러는 스트레스성 소화불량 및 우울증 증상을 보이며 거의 죽을 지경에 이르렀다. 이때 테일러 게이츠라는 교회 목사는 록펠러에게 '이제 모든 것을 내려놓으시지요. 그렇지 않으면 당신은 1년도 더 살 수 없소'라고 충고를 했다고 한다.

목사의 충고를 들은 록펠러는 시한부 인생 1년 동안 모은 재산을 의미 있게 쓰고 죽자는 생각을 하게 된다. 그래서 보육원과 도서관을 세우고 약자를 돕는 일을 시작한다. 특히 록펠러 재단은 의학과 과학 등 인류의 발전에 도움이 되는 분야의 연구를 지원하는 데 집중했다. 목사의 충고로 청교도 사명을 실천한 덕분에 그의 수명이 연장되어 98세에 세상을 떠났다. 돈의 아름다움은 지키는 것이 아니라 땅에 비료를 뿌리는 것과 같다.

1793년 제주도에서 대가뭄이 들자 기녀 출신인 김만덕은 전 재산을 풀어 가난한 사람들을 구제했다. 김만덕의 선행이 알려지자, 정조는 김만덕의 소원을 물어보았다. 김만덕은 "한양에서 임금님을 뵙고, 금강산을 보고 싶다"고 하였다. 이 말을 들은 정조는 '관의 허락 없이 제주도민은 섬 밖으로 나가지 못한다'는 규칙을 깨고 김만덕의 소원을 들어주었다. 또한 내의원 의녀반수 벼슬을 제수하여 그녀의 선행에 대해 보답을 했다.

탈무드에서는 돈의 의미를 이렇게 말한다.

"돈으로 열리지 않는 문은 없다. 돈을 너무 가까이하지 마라. 돈에 눈이 멀어진다. 돈을 너무 멀리하지 마라. 너의 처자식이 천대받는다."

"사람을 해치는 세 가지 원인이 있다. 근심, 말다툼, 빈 지갑이다. 그중 빈 지갑이 가장 크게 상처를 입힌다. 돈이 있으면 좋은 일이지만 어떻게 써야 하는지를 아는 것이 더욱 중요하다."

"돈은 인간이 생활의 편의를 위해 고안한 도구이다. 돈으로 다른 사람을 기쁘게 할 때 부자가 된다. 돈은 주어지는 것이 아니고 만들어가는 것이다. 부자는 일을 열심히 했을 뿐인데 자동으로 돈이 모인다. 죽지 못해 일하는 근로자보다는 자영업자들이 더 부자가 많은 이유다."

이외에도 돈에 대한 격언은 돈의 의미를 다시 생각하게 한다. 월마트 창업자 샘 월턴은 이렇게 말했다.

"이제껏 나는 최고의 유통 회사를 만드는 일에 주력했다. 부를 축적하는 것은 내 관심 밖의 일이다. 열심히 일해서 고객에게 최선을 다하면 무한한 가능성이 있을 것이라는 확신이 있었다."

그런가 하면 영국의 대문호 셰익스피어는 돈에 대해 이렇게 경고했다.

"돈은 독약보다 더 많은 살인을 한다."

또한 영국의 사상가인 존 러스킨은 우리에게 이런 문제를 던졌다.

"캘리포니아에서 선박이 난파됐을 때 금괴 100kg을 넣은 주머니를 몸에 묶은 채 해저에 가라앉아 죽은 승객

한 명이 발견됐다. 그가 금괴의 주인이었을까, 금괴가 그
의 주인이었을까?"

주식 투자의 전략

가치투자 원칙의 중요성

"습기 머금은 눈과 긴 언덕을 찾으라."

투자의 귀재로 알려진 워런 버핏은 1930년 미국 오마하 출생으로 콜라와 맥도날드를 즐겨 먹지만 건강하다. 워런 버핏은 투자가이며 자선 사업가로 '오마하의 현인'으로 불린다. 버크셔 해서웨이 CEO 겸 회장이자 최대 주주인 그는, 2019년 8월 재산 110조 원 보유하고 있다. 컬럼비아 경영대학원에서 벤저민 그레이엄으로부터 가치투자를 배워 최고의 투자가로 성장한다. 버핏은 세계적인 거부임에도 불구하고 검소한 생활을 하며, 재산의 99%를 기부하기로 약속했다.

버핏이 경영하는 투자회사 버크셔 해서웨이의 주주총회에 참석하기 위해 주주들이 세계 곳곳에서 수만 명이나 몰려든다. 중국 암호화폐 사업가는 버핏과 식사를 위해 54억 원을 지불했다.

버핏은 절약의 상징으로 인식된다. 62년에 3만 1500 달러(약 3800만 원)에 구매한 자택에서 아직도 살고 있으며 아침 식사도 출근길에 맥도날드에 들러 해결하는 경우가 많다. 최근에야 삼성 휴대폰에서 아이폰으로 바꿨다고 한다.

버핏은 투자에 관한 한 실패 한 번 안 했을 사람 같지만, 그도 투자의 실패를 겪었다. 2013년 미국 식품회사 하인즈를 인수했다가 3조 4000억 원의 손실을 봐야 했다. 앞서 1989년엔 항공사 US 에어에 투자했다가 크게 손실을 보았다.

버핏은 제4차 산업혁명 관련 기술주에 과감하게 투자하지 못해 손실을 보기도 했다. 하지만 버핏은 내재가치가 뛰어남에도 시장에서 저평가된 기업을 발굴하는 가치투자 원칙을 지켜왔다. 최근 그는 항공주와 은행주를 과감히 팔고, 제약주를 매수했다고 한다.

하지만 지금도 그의 가치투자 원칙에서 투자철학을 발견할 수 있다. 특히 버핏은 각 회사를 철저히 조사하고, 투자하기 전에 회사를 이해할 수 있도록 했다. '바보도 쉽게 운영할 수 있는 회사'는 비교적 안전한 투자다. 그의 가치투자 원칙은 다음과 같이 정리할 수 있다.

첫째, 당신의 재력보다 낮은 수준으로 살아라.

둘째, 회의 및 기타 불필요한 시간 낭비를 건너뛰어라.

셋째, 성공하기 위해서는 의사소통 기술을 연습하라.

넷째, 투자하기 전에 항상 조사하라.

다섯째, 장기적 관점을 유지하라.

여섯째, 주식 투자를 즐겨라.

전설적 투자가 피터 린치

"돈은 뜨겁게 사랑하고 차갑게 다루어라!" 월스트리트 역사상 가장 성공한 펀드 매니저, 마젤란 펀드를 세계 최대의 뮤추얼 펀드로 키워낸 피터 린치의 실적은 경이롭다. 1977년에서 1990년까지 연평균 수익률은 약 29%에 달했다. '월가의 영웅'이란 찬사를 받은 피터 린치는 아버지가 일찍 세상을 떠난 이후에 학비를 벌기 위해 11살 때부터 골프장 캐디로 일했다.

그는 골프장에 오는 손님들의 주식 이야기를 귀동냥하면서 주식에 대한 관심을 키웠고, 보스턴대학 재학 중에도 캐디로 일하며 장학금을 받았다.

그는 발로 뛰며 얻은 정보가 고급 정보이고, 시간과 노력을 투자하지 않고서는 주식 투자에서 성공할 수 없다는 신념을 철저하게 지킨 사람이다. 가장 확실한 투자 정보는 기업 방문에서 얻을 수 있다는 것이 그의 소신이었다.

주식 시장은 예측한다고 해서 돈 버는 것은 아니다. 그는 기업의 질적 요인들을 매우 중시하며, 자신의 본업 밖에서 우연히 매력적인 회사를 발견하는 경우도 결코 적지 않다.

그의 투자 전략을 한마디로 요약하면, '남녀 사랑처럼 투자하라. 실패할 일이 없다. 돈은 뜨겁게 사랑하고 차갑게 다루어라'라고 할 수 있다. 잠시 그의 투자 전략은 다음과 같다.

첫째, 단순한 전략의 미학을 실천했다.

주식 투자에 전략적 배분과 복잡한 기술이 필요하기도 하다. 하지만 피터 린치는 단순한 언어로 설명할 수 있어야 한다고 주장한다. '한 기업에 투자할 준비가 되었다면, 그 이유를 초등학교 5학년짜리도 이해할 수 있는 단순한 언어로 설명할 수 있어야 한다.'

둘째, 질적 분석의 중요성을 강조했다.

시장을 읽는 안목과 투자 마인드를 중시한다. 피터 린치는 성공적인 투자에는 사실과 숫자에 초점을 맞추는 것보다 훨씬 더 많은 것이 존재한다는 것을 지적하고 있다.

"주식 투자는 과학이 아니라 예술이다. 그리고 모든 것을 엄격하게 계량화하도록 훈련된 사람들에게는 큰 불리함이 있다."

기업의 질적 요인들을 고려하면서 그 기업의 리스크-보상 기회에 대한 보다 나은 수익 전망을 찾는다.

셋째, 실제 세상에서 영감을 얻었다.

최고의 투자 기회는 세상 속에 있다. 예를 들어 우리는 일이 아니라 개인적인 삶에서 처음으로 기업을 접하기도 한다. 따라서 자신이 하는 일 내부와 외부 모두에서 잠재적인 투자 대상을 찾는 것이 투자 기회를 발굴하는 데 큰 도움이 될 수 있다. 주식 매수의 영감은 언제라도, 그리고 어느 곳에서든 떠오를 수 있다. 잠재적인 매수 기회를 놓치지 않도록 늘 관심을 유지하면서 가장 매력적인 기업들을 찾을 수 있는 노력을 한다.

넷째, 사소한 디테일보다는 핵심에 집중했다.

기업을 분석할 때 그리 중요하지 않은 사소한 항목에 얽매이기 쉽다. 사소한 디테일에 얽매이기보다는 내가 투자 대상 기업에 요구하는 분명한 그림을 찾아야 한다. 리스크 없는 주식이란 없다. 장기적 전망과 기업의 투자 매력도를 자세히 살펴본다. 전문 투자자들의 정보와 소문을 맹신하기보다는 개별 기업의 가치에 주목한다. 특히 성장과 이익 구조가 개선되는 턴 어라운드 기업에 집중한다.

끝으로 피터 린치는 기업의 수익성과 분산 투자를 중시한다.

데이터를 단 하나만 볼 수 있다면, 해당 기업의 이익을 보고 판단한다. 분산 투자의 경우 좋은 상품을 찾기 위해서는 꾸준히 발로 찾는다. 기업 실적과 주가가 따로 놀 때가 있다. 하지만 장기적으로는 100% 같이 가게 되어 있다. 주식 투자는 남녀의 사랑과 같다. 처음부터 현명하게 선택했다면 헤어질 이유가 없다.

집을 고를 때에는 몇 달의 시간을 쓰면서 주식을 선택할 때에는 몇 분만 들인다. 휴가 계획은 신중하게 짜면서도, 주식 투자는 남의 말 듣고 즉흥적으로 사고파는 일이 얼마나 황당한 일인가? 주식 투자는 게임이 아니라 과학과 예술이다.

주식 투자, 절대로 하지 말아야 할 사람

코로나19와 함께 등장한 신조어가 많다. 가장 자주 쓰는 '언택트'는 접촉을 뜻하는 콘택트(contact)에 부정 접두사인 언(un)을 조합한 말이다. '비대면', '비접촉'이라고도 한다. '온택트(ontact)'는 여기에 온라인을 통한 연결(on)을 합성한 용어다. 최근 사회적 거리 두기로 집에 머무는 시간이 늘면서 온택트 마케팅과 실감형 서비스, 온라인

전시와 공연, 재택근무와 화상 회의, 비대면 학습과 화상 면접 등이 새로운 트렌드로 자리 잡기 시작했다. 이런 변화에 부응하기라도 하는지 주식 투자자들이 크게 늘었다.

인류 문명의 발전은 과학과 인문학의 접점에서 피는 꽃과 같다. 디지털이라는 기술의 토양 위에 새롭게 피어나는 산업의 꽃에는 그에 맞는 이름이 필요하다.

다양한 환경에 따라 변화무쌍하게 등락하는 주식 시장에서 분명한 것은 재무제표야말로 소중한 돈을 지킬 방패가 된다는 점이다. 대부분 사람이 부동산 투자 시에는 여러 가지 요인을 살펴보고 신중하게 결정하지만, 주식 투자의 경우 재무제표나 산업 현황에 대한 검토도 없이 남의 말 듣고 덜컥 사고 만다. 이것이 바로 실패 확률이 더 높은 이유다.

'묻지마 투자'는 이제 그만해야 한다. 옷을 한 벌 살 때도 품질과 가격을 확인하는데, 내가 사는 주식의 가격이 과연 적정한 가격인지 확인도 않는 것은 액셀러레이터를 밟지 않고 저절로 차가 앞으로 나가기만을 바라는 것과 마찬가지다.

주식을 해선 안 되는 돈과 사람이 있다. 당신이 여기에 속한다면 부디 주식은 하지 마라. 주식으로 부를 쌓기는 커녕 손실을 보고 낭패를 당하기 일쑤다. 주식 투자를 하면 안 되는 사람을 살펴보자.

첫째, 단기자금이 필요한 사람은 투자하지 마라.

향후 1개월~1년 이내에 결혼, 주택 구매, 자녀 학자금 등 어떤 명목이라도 필요한 돈이 있다면 그 돈으론 주식을 해서는 안 된다. 지금 주식을 사면 100% 수익을 낼 것 같아도 곤란하다. 비록 대주주라 할지라도 미래의 주가가 어떻게 변할지는 알 수 없다. 주식 투자의 위험을 감수할 수 없는 돈은 투자해서는 안 된다. 특히 빚내서 하는 주식은 더욱 위험하다.

둘째, 재무제표를 볼 줄 모르는 감정적인 사람은 투자하지 마라.

재무제표는 기업의 성적표이며 주가의 바로메타이다. 물론 실적과 주가가 반대로 갈 수는 있지만, 장기적으로 보면 일치한다.

주식은 감정보다는 이성으로 하는 과학적인 투자다.

뜨거운 가슴을 가진 사람은 주식과 맞지 않는다. 일희일비해서는 주식 투자라 할 수 없다. 감정적인 사람은 주가가 오를 땐 더 오를 것 같아 더 늦기 전에 주식을 사겠다며 추격 매수하고 주가가 내려가면 더 떨어질까 두려워 추격 매도를 한다. 이런 과정에서 증권사만 수수료로 이익을 본다.

셋째, '~ 카더라'에 의존한다면 투자하지 마라.

남의 말에 쉽게 속고 주관 없는 사람은 주식 시장에 뛰어들어서는 안 된다. 원금 손실을 받아들이지 못하는 사람은 주식 투자하면 안 된다. 소신 없이 주식을 살 경우에는 이익을 낼 수가 없다.

미국의 전설적인 펀드 매니저 피터 린치는 13년간 마젤란 펀드라는 이름의 주식형 펀드를 운용하여 누적 수익률이 2703%에 달했다. 그는 직접 시장 조사와 재무제표를 통해 확신하는 종목만 사는 것을 원칙으로 삼았다. 그렇다고 투자한 종목에서 모두 이익을 낸 게 아니다. 10개 종목에 투자하면 1~2개 종목에서는 큰 이익을 냈지만 1~2개 종목에선 큰 손실을 보았다.

넷째, 사업체 소유자나 자영업자는 투자하지 마라.

사업하는 사람은 주식 투자는 하지 않는 것이 좋다. 주식에 투자할 시간에 기업을 제대로 키워 가치를 높이는 데 신경을 써라. 이미 하는 사업 자체가 투자이다. 본업에 승부를 걸어야지, 주식 차익으로 재미를 보겠다면 아예 전업주식 투자자로 나가는 게 좋다.

마이크로소프트의 창업자 빌 게이츠나 아마존의 창업자 겸 최고경영자 제프 베이조스가 부자인 이유는 자기 회사 주가가 올랐기 때문이다. 이들이 주식에 투자해서 부자가 된 것이 아니다.

다섯째, 단기간의 수익만을 챙기려는 사람은 투자하지 마라.

사람들은 자기가 도박꾼이라고 생각하지 않는다. 도박 심리로 주식 투자를 하는 사람이 많다. 주식을 샀다 이익이 나면 재빨리 팔고 나오려는 생각으로 주식을 한다.

주식을 샀다 이익이 나면 차익을 챙겨 빠져나갈 생각이라면 차라리 카지노에 가서 스트레스나 풀고 오는 게 낫다. 물론 단기간에 차익을 거둘 수는 있지만, 이것은 요행 심리나 도박 심리를 부추길 뿐이다.

주식 시장은 장기 투자와 공부하는 자의 몫이다. 빨리 차익을 챙기려는 도박꾼 심리나 요행을 바라고 들어온 사람에게는 차가운 바람만 선사한다.

주식 투자도 눈을 들어 넓고 원대한 꿈을 갖고 시작하라. 우리에게 인생 역전의 스승이 많다. 주식 시장에서 자신만의 원칙과 고집으로 그리고 공부를 통한 일가견을 가진 자만이 영광의 면류관을 쓴다. 복리의 마법을 실천하자. 절대 대출을 내서 투자하지 말아야 하며, 또한 절대 조급하지 말자. 물고기가 많은 낚시터에 가듯이 돈 흐름의 중심에 있었으면 한다. 마이크로소프트 주식 하나로 한국 코스피 주식 시장 전체를 다 살 수 있다는 사실을 아는가?

현명한 투자 전략

J 씨(36세)는 서울 마포구 빌라에 살고 있다. 자녀 한 명과 맞벌이 하는 부인이 있다. 그는 유명 대학을 졸업하고 대기업에 다니는데 연봉이 5000만 원이 넘는다. 부인이 버는 돈으로 생활비를 충당하고 매달 300만 원씩 저축

을 한다.

J 씨는 고등학교 친구와 오랜만에 저녁을 먹으면서 들은 소식에 충격을 받았다. 그 친구는 1년 동안 주식에 투자해서 10억을 모았다고 한다. 그리고 다니던 직장에서 얻는 수입이 시원찮아 그만둘지 고려 중이라고 한다. 일단 번 돈으로 30평대 아파트를 샀는데, 아파트 역시 수억 원이 올랐다며, 오늘 한턱 거하게 쏘겠다고 한다.

J씨는 이런 의문이 들었다. '내가 월 300만 원씩 10년 저축한다고 서울에서 집을 살 수 있을까?

J 씨는 부동산 투자는 큰 금액이라 대신 주식에 투자하기로 했다. 처음으로 입문한 주식 시장에서 투자한 종목은 바이오와 지인이 추천한 주식이었는데, 과연 1년 후 성적이 어떻게 될까?

투자는 본인의 판단과 분석에 의한 외로운 싸움이다. 경험은 당신이 원한 것을 얻지 못할 때 얻게 된다. 2020년은 코로나로 시작해서 코로나로 끝났다. 뉴노멀의 전례 없는 세계 경제 위기의 한 해였지만, 각국의 양적 완화로 인해 화폐 가치는 떨어지고, 주식과 부동산 가격은 폭등했다.

2021년은 어떤 투자 전략을 세워야 할 것인지를 고민해야 하는 때다. 어떤 투자 전략을 세워야 하는가는 애널리스트조차 상반된 의견으로 갈라져 있다. 비관론자의 경우 사회적 부채가 눈덩이처럼 커지고 FED 자산도 급증하며, 인플레를 방지하기 위한 금리 인상이 불가피하다고 예상한다. 낙관론자의 경우 기술 혁신으로 과거에 보지 못한 생산성 향상과 조만간 팬데믹 사태에서 벗어날 것으로 본다.

투자는 자신과의 외로운 싸움이다. 남의 말에 의존할 필요도 없고, 전적으로 자기 책임 아래에서 이루어져야 할 것이다. 다만 이런 생각은 되도록 피해서 성공을 이룬 행복한 투자자가 되었으면 한다.

"이번 시장만은 다르다."

"지금이 마지막 투자 기회다."

"빨리 크게 돈을 불려서 직장을 그만두겠다."

"위기 상황에서는 모든 상관관계가 하나가 될 수 없다."

"서류상의 이익과 실제 이익이 같다."

신중하지만, 때론 과감히

2021년 경제 전망은 전년에 위축된 기업 실적이 개선될 것으로 보이지만 코로나 변동성이 사라지지 않아 그에 따른 위험도 크다. 바이든 정부의 경기 부양 정책이 경기 상승을 이끌 전망이지만, 국내 민간 소비는 재정 정책의 미비와 코로나 리스크로 인해 더딘 회복세를 보인다. 언택트 산업, 인공지능 산업의 활성화로 인해 자영업의 업황은 악화할 것이다. 원천 기술이 없는 여행, 임대, 출장, 전시, 교육산업의 타격은 불가피하다. 부의 격차가 심해져서 사회 갈등요인으로 등장한다.

주식 투자의 경우 글로벌 경기 회복 수혜와 유동성 장세가 2021년 상반기까지는 지속된다. 반도체, 자동차, 배터리, 홈코노미, 철강, 화학 업종이 개선되고 있다. 철광석, 구리 등의 원자재 가격이 최고치를 경신하고 있지만, 이전과 같은 원자재 수요 폭발로 이어질지는 의문이다. 해외주식은 미국 일부 회사에 관심을 두며, 중국, 인도 등에 투자하여 국내 주식의 투자 리스크를 회피할 필요가 없다. 변동성이 큰 장세인 만큼 개별주식보다는 ETF 투자를 권한다.

투자 자산은 주식만 있는 게 아니다. 가장 큰 규모는 부동산이다. 부동산 투자 시 꼭 염두해야 할 격언은 "장화 신고 들어가서 구두 신고 나온다"이다. 미친 부동산 가격 상승을 잡기 위해서 주택담보대출 규제, 신용대출까지 규제 등장했고, 다가구 소유자 세금 폭탄이 나오기 시작했다. 임대차 3법과 각종 규제 등으로 추가 상승하기는 쉽지 않을 전망이다. 부동산 투자는 조심하고, 특히 상가 투자는 위험하다. 아파트가 집 한 채일 경우에는 등락에 큰 영향을 받을 필요가 없다.

부동산보다 적은 시드머니로 주식보다 큰 변동성을 원한다면 비트코인 등 가상화폐 투자에 눈이 갈 수밖에 없다. 2020년 5월의 비트코인 채굴 반감기와 코로나 사태로 인한 경제 활동 위축에 따른 주식 등 전통적 위험 자산 회피 수단으로 2021년 초 비트코인은 크게 올랐다. 향후 결제수단으로의 대체 가능성과 달리 약세 등으로 계속 관심을 가질 필요가 있다. 디지털 통화로서의 대체 가능성은 아직은 미지수이지만 영향력은 확대될 것으로 예상한다.

자기만의 포트폴리오 만들기

워런 버핏은 이렇게 말했다.

"우량종목을 보유했다면, 더 이상 다른 종목을 기웃거리지 마라."

투자의 위험을 분산해 안전하게 투자하려는 전략이 바로 포트폴리오를 활용한 분산 투자다. 자산 규모와 투자 형태에 따라 세부 종목과 투자 비율은 달라진다. 그래서 포트폴리오는 사람마다 나이, 재산 상태, 투자 성향, 투자 기간 등에 따라 다르다.

필자의 경우에는 여유 자금의 투자 배분은 주식 직접 투자에 30%로 편입한다. 종목은 우량주, 대표주, 소프트웨어 등 스몰캡보다는 대형주 위주이다. 매일 주식 시장을 볼 필요가 없는 종목을 선호한다. 30%는 간접투자 형태로 인컴형 자산(리츠, 원자재, 전환사채 등), 주가지수연계증권(ELS), 주가지수연계예금(ELD), 펀드 등에 투자한다. 그 외에 약 40%는 보험, 채권 등이다.

전문가에 따라 나이에 맞는 자산 배분을 추천하는 경우도 있다. '100-나이' 법칙인데, 40대는 100에서 40을 뺀 60%가 최대 주식 투자 비중이다. 현금은 최소 3개월

1원칙: 주식 투자의 단기매매는 피하고 보물 주식을 찾을
　　　때까지 기다린다.

2원칙: 노후 대비는 돈이 전부가 아니다. 은행에 맡기는 것
　　　은 투자가 아니다.

3원칙: 새로운 재테크 발굴하기보단 자신만의 투자 철학,
　　　시스템 구축하기.

4원칙: 사업이 즐겁지 않으면 결코 사업하지 않는다.

5원칙: 다른 사람들의 충고와 관계를 소중히 여긴다.

6원칙: 빚 내서 투자하지 않는다. 무릎에 사서 어깨에 팔라.

7원칙: 하락장은 시장이 빠지는 것, 좋은 기업은 항상 있다.

8원칙: 비싸게 사는 것이 가장 큰 리스크이다.

이상 수입이 없더라도 살아갈 수 있는 정도로 가지고 있으면 된다.

젊은 사람들이 제일 싫어하는 커피가 '카페라떼'라고 한다. 기성세대들이 즐겨 쓰는 '나 때는 말이야~'라는 잔소리를 싫어하기 때문이다. 분명한 것은 세상이 바뀌어도 주식 격언은 변하지 않는다.

코로나 충격으로 성장과 고용 등 실물 경제가 식어가

는 가운데 증시만 질주하는 현상이 지속하지 않는다. 사람들은 그때마다 "이번엔 다르다"고 말하지만 1929년 대공황 직전에도 주식은 계속 상승하고 있었다.

네덜란드는 1602년 세계 최초의 증권거래소를 세웠다. 또 동인도 회사를 통해 무역 독점권을 가졌다. 회사 지분 거래를 통해 막대한 이익을 얻었다. 인간의 탐욕을 보는 투기자본은 1636년 튤립 거래에서 시작됐다. 1636년 한 달 만에 50배로 상승한 튤립 가격은 이듬해 1637년 1/100로 폭락했다.

종목 포트폴리오의 기준은 각자 다르다. 기업 가치에 비해 저평가된 가치주, 거래량이 받쳐주고 트렌드에 맞는 성장주, 변동성에 따른 단기매매, 배당투자 등 장단점이 있다. 이중 가장 나쁜 주식은 가장 비싸게 산 종목이다.

남는 것은 시간, 모자라는 것은 돈!

'은퇴(隱退)'란 직임에서 물러나거나 사회활동에서 손을 떼고 한가히 지냄을 말한다. 영어 단어 '리타이어 (retire)'는 타이어를 다시 갈아 끼우듯 헌 타이어를 새로운 타이어로 갈아 끼워서 원동력을 되찾는다는 의미이다.

100세 시대에 환갑잔치하는 사람은 없다. 은퇴 역시 새로운 열정을 불태우는 기회로 삼아야 할 것이다.

당신은 인생에서 가장 후회되는 것이 무엇인가?

사람마다 정도의 차이는 있겠지만, 1순위는 걱정하는데 너무 많은 시간을 쓴 것이라고 한다. 사실 걱정이 일어나지도 일어날 수도 없는 상황임을 알면서도 시간을 허비한다. 직장 다니면서 해고당할까? 아이들이 학교에서 제대로 공부할까? 몸이 아프면 암이 아닐까? 등이다. '걱정해서 걱정이 없어지면 걱정이 없겠네"라는 말이 새롭다.

걱정한다고 나아지는 것은 없다. 걱정의 시간은 낭비로 오늘만을 생각해야 한다. 우리 인생은 너무 변수가 많기에 노먼 빈센트 필 박사는 이렇게 말했다.

"우리가 하는 모든 걱정 중에서 절대로 발생하지 않을 사건에 대한 걱정이 40%, 이미 일어난 사건에 대한 걱정이 30%, 신경 쓸 일이 아닌 작은 것에 대한 걱정으로 22%, 우리가 바꿀 수 없는 사건에 대한 걱정이 4%, 그리고 우리가 바꿀 수 있는 사건에 대한 걱정이 4%이다."

걱정이 생기는 것은 남의 시선을 너무 의식하기 때문이다. 나이 들면 저절로 깨닫게 되는 것은 남들은 나에게 그다지 관심이 없다는 사실이다. 걱정을 하나씩 내려놓아야 한다. 다른 사람 생각을 하기보다는 지금 나에게 관심과 기쁨을 선사하는 것이 중요하다.

막연한 걱정 대신 다가올 미래, 즉 노후에는 철저히 대비해야 한다. 바로 재무설계를 차근차근 밟는 것이다. 재무 설계란 삶의 목표에 맞춘 장기적이고 통합적인 재정관리 과정이다. 이는 전 생애에 걸쳐 각자의 생활 양식에 맞춰 현재의 재정 상태를 파악하고 재무목표를 설정한 후 행동계획을 수립하여 실행하는 것이다.

재무 설계를 해야 하는 이유는 살면서 결혼, 주택 마련, 자녀 교육자금, 노후 준비 등에 필요한 자금을 조달하고 현재 소득으로 가계의 재무상황을 통제하여 소득 자산의 증대 및 보전해야 하기 때문이다. 생애주기에 따른 소비 만족의 극대화 및 미래의 불확실성에 대한 대비가 필요하다.

물가 상승 및 이자율 변화에 따라 실질구매력이 하락하고 돈 버는 시기가 갈수록 짧아지는 것에 대비해야 한다. 실업, 질병, 화재, 사고 등에 대한 돈의 확보도 필요하다. 저금리와 및 금융상품의 다양화로 전 세계를 대상으로 투자해야 하는 시대다. 돈 버는 사람은 줄어들고, 세금만 높아지는 노인 천국 시대에 노후 준비는 선택이 아닌 필수다. 독립적으로 살아갈 수 있는지, 얼마나 일할 수 있는지, 기대수명을 지탱할 자금은 충분한지 등을 사전 점검해야 한다.

'은퇴 후 남는 것은 시간, 모자라는 것은 돈'이라는 말이 있다. 돈이라고 하니까 탐욕이라고 생각할 수 있지만, 그게 아니다. 자신의 생존을 점검하고 사회적 관계와 행복하게 살기 위해 돈의 흐름을 파악한다. 행복은 단순히 장수하는 게 아니다. 건강하게 돈의 혜택을 누리면서 노년을 즐기는 시간을 늘리는 데에 달려 있다.

인생에서 가장 큰 죄

시간을 관리하지 않으면 끌려다니게 된다. 누구에게나 공평하게 주어진 24시간. 과연 자수성가형 부자들의 시간 관리는 일반인들과 어떻게 다를까?

부자들은 소소한 시간도 밀도 있게 사용하며 1분 1초도 귀하게 여긴다. 시간은 금이다. 부자들은 시간을 쪼개서 쓰는 습관으로 잠깐의 시간에도 낭비하지 않는다. 짧은 회의 시간과 효율적인 출퇴근 시간을 유지한다. 시간을 생산적인 일과 비교하여 성과를 낼 수 있도록 노력한다. 부자들의 시간관리법은 이렇게 정리할 수 있다.

첫째, 자신의 시간 가치를 정확하게 알고 효율성을 높인다.

예를 들어 자신의 연 수입을 1년에 일하는 총 시간으로 나누면 1시간당 가치가 나온다. 1년에 일하는 총 시간은 하루 7시간 × 주 5일 × 1년 52주 = 총 1820시간이다. 연봉이 5000만 원이라면 1시간당 2만7472원이란 시간의 가치가 나온다. 1시간 동안 자동차를 세차하는 비용이 손세차가 2만7000원 정도라면 맡기는 게 낫고, 그 이상이라면 자신이 직접 하는 것이 더 낫다는 의미다.

둘째, 삶의 방향성과 목표를 구체적으로 기록한다.

막연하게 '돈을 벌고 싶다'라는 생각은 하나마나 한 것이다. 적자생존에 의하면 환경에 적응한 종만이 살아남는다는 적자생존에서 메모하는 자만이 살아남게 된다. 분명한 꿈이 있으면 살다 보면 닥치게 되는 어려움과 고통을 이길 회복 탄력성을 갖게 된다.

셋째, 긍정적인 사고와 실행력을 키운다.

부자들은 내일에 대하여 밝고 긍정적인 시각을 갖고 있다. 부자들은 약속에 지각하는 사람, 부정적 사고 가진 사람, 남 탓을 하는 사람들을 경계한다. 자신의 시간뿐만 아니라 다른 사람의 시간을 소중히 여긴다. 세상일은 비관론자로부터 생겨나는 일이 없다.

넷째, 인맥을 관리한다.

건강과 함께 중시하는 부분이 인맥관리다. 사교 모임에 적극 참여하며, 부자들끼리 어울리면서 서로의 돈 버는 법도 배운다.

다섯째, 30년 후까지 계획한다.

미래란 예측하는 것이 아니라 준비하는 것이다. 변화가 심한 오늘날 5년 뒤 10년 뒤를 내다본다는 것은 불가능하다. 하지만 부자들은 당장 눈앞의 것만 보지 않고 20~30년 뒤를 내다보고 부동산을 보유한다. 이처럼 자수성가형 부자들은 미래를 생각하는 장기적인 시각을 가진 사람들이다.

여섯째, 메모하는 습관을 들인다.

부자들은 잠들기 전이나 하루를 시작할 때 자신의 오늘 할 일 중 가장 중요한 것을 메모지에 적고 체크한다. 이렇게 함으로써 항상 자신이 하는 일을 정확하게 마무리할 수 있고 쓸데없는 일을 하는 데 시간을 보내지 않는다. 희미한 기억보다 한 줄의 메모가 더 위력을 발휘한다.

일곱째, 부자들은 일찍 자고 일찍 일어난다.

규칙적인 수면과 운동은 건강 유지에 필수다. 이들은 건강에 충분히 시간을 투자하며, 나쁜 습관은 버리고 좋은 습관을 들여서 시간 낭비 요인을 제거한다. 또 질 높은 삶을 누리도록 노력한다.

유발 하라리는 《사피엔스》에서 농업 혁명은 역사상 최대의 사기였다고 한다. 농업으로 인한 여분의 식량이 더 나은 식사나 더 많은 여유 시간을 의미하지 않았다. 사람들은 정착과 농경을 통해 덜 춥고 덜 배곯을 거라 예상했지만, 늘어난 양만큼 인구가 늘어나서 상쇄되고 말았다. 평균적인 농부는 수렵 채집하는 사람보다 더 열심히 일했지만, 그 대가로 열악한 식사를 하게 된 것이다. 단일 식량원에 의존하면서 가뭄에 취약해졌고, 정착 생활은 전염병을 더 빠르게 퍼뜨리고 말았다. 수렵 채집하는 시절보다 사냥과 채집의 수고를 줄였지만, 더 편하고 쉽게 살지는 못했다.

오늘날 우리의 삶도 원시 시대의 농업인과 유사하다. 유토피아의 꿈으로 여겨지는 문명의 이기인 스마트폰, 텔레비전, 자동차 해외여행, 외식 등으로 편해졌고, 노동의 시간이 줄어들었지만, 행복지수는 비례하여 높아지지 못하고 오히려 낮아졌다고 한다.

훌륭한 문명이기와 서비스들이 넘치는 동시에 사치와 비교 의식, 열등감이라는 새로운 장애물이 생긴 것이다.

객관적인 삶의 질은 높아졌지만, 주관적인 행복지수는 떨어졌다. 평범하지만 자신을 소중히 여기면 행복하고 즐겁다. 남과 비교하는 한 행복은 깃들지 못한다. 주어진 조건 안에서 소소한 행복을 찾아야 한다.

부자들은 시간 관리로 자신에게 적합한 일의 습관을 터득한다. 그리고 할 일을 철저하게 계획하며, 우선순위로 짜임새 있게 노력한다. 시간을 적절하게 배분하고 효율적으로 관리하는 사람이 진정한 부자가 될 수 있다. 자신만의 삶의 속도를 찾고 마음의 여백과 시간을 효율적으로 쓰기 위해 노력해 보자.

03
다양한 투자 방법

포트폴리오를 분석하라

포트폴리오란 위험을 줄이고 투자 수익을 극대화하기 위한 전략의 하나로, 여러 종목에 분산 투자하는 방법이다. 저축과 투자 사이의 자금 배분은 자금의 용도와 개인의 리스크 성향, 재무목표 등에 따라 달라진다. 투자 상품을 선택할 때에 안전성, 수익성, 유동성, 인플레이션에 대한 해지, 분산 투자 등을 점검해야 한다.

투자의 원칙은 계란을 한 바구니에 담지 않는 것이다. 안정적인 수익을 위해 여러 종목의 기대 수익성과 변동 리스크를 고려한다. 생활 자금을 제외한 나머지 여유 자금으로 한다. 하이 리스크, 하이 리턴(high risk, high return)의 원칙을 명심하라. 기대 수익률이 높으면 그만큼 리스크가 커지고, 손실 가능성도 크다.

경제는 생산, 분배, 소비로 이루어진다. 각 경제 주체의 자금이 흐르는 곳이 자금 시장이다. 예를 들어 은행차입, 주식, 사채발행 등이 자금 시장에서 이루어진다. 통상 자금 시장은 만기 1년 이내의 단기시장으로 콜 시장, 환매조건부 매매시장, 양도성예금증서시장, 기업 어음시장 등이 있다. 예금자의 청구가 있으면 바로 지급해야 하는 요구불예금과 저축 및 이자 수입을 목적으로 하는 저축성예금이 있다.

금융기관에 예금할 때 일정 부분을 보호받는 예금보호제도가 있다. 금융기관이 파산 등으로 예금, 이자, 예탁금을 지급할 수 없을 때 예금보험기구가 해당 금융기관을 대신하여 예금주에게 원리금의 일부 또는 전부를 지급하는 일종의 보험 제도이다. 현재 1인당 보호금액은 원금과 소정의 이자를 합하여 예금자 1인당 최고 5000만 원이다.

주식 시장

주식은 주식회사의 자본을 구성하는 기본 단위로, 기업은 사업 자금을 마련하기 위해 투자자에게 기업의 권리를 판다. 투자자들은 기업의 권리를 표시한 이 유가 증권, 즉 주식을 거래소에 모여 매매한다.

주식 시장은 크게 주식을 발행하는 발행시장과 발행된 주식이 유통되는 유통시장 2가지로 나뉜다. 유통시장은 증권회사가 증권을 매매하는 거래소 시장과, 거래소를 거치지 않고 처리하는 장외 시장으로 나뉜다.

주식 종목 분석은 기업(종목)의 내재가치를 분석하는 기본적 분석과 기술적 분석으로 나뉜다. 재무비율 분석의 경우 레버리지 비율, 유동성 비율, 활동성 비율, 수익성 비율 등이 있다. 기업 가치와 주가를 비교하는 방법으로 주가를 주당순이익(EPS)으로 나눈 주가이익비율(PER, price earning ratio)과 시장가치를 나타내는 주가를 장부가치를 보여주는 주당순자산(BPS)으로 나눈 주가장부 가치비율(PBR, price book-value ratio)이 많이 활용된다.

세월이 바뀌어도 변하지 않는 주식 투자의 원칙을 살

펴보자.

첫째, 주식을 평생 가지고 있을 정도로 애정이 생기면 사서 보유하지만, 반대로 팔아야 할 이유가 있으면 즉시 손절매라도 감수한다.

둘째, 주가가 내리고 오르는 것에 의연하다. 가격이란 산값을 의미하기보단 기업 가치로 샀기에 등락에 연연하지 않는다. 장기적 관점에서 바라본다.

셋째, 이익을 챙겨 현금화하여 새로운 기회에 대비한다. 산 종목이 빠지면 계속 사서 단가를 낮추는 물타기 하지 않는다.

넷째, 잡초에는 물을 주지 않는다. 전설적인 투자자인 피터 린치는 말한다. "분산 자체만을 위해 알지도 못하는 종목에 투자하는 것은 무익한 일이다"

다섯째, 성장 가능성과 가치 위주의 투자를 한다.

여섯째, 자신의 원칙을 지킨다. 워런 버핏은 오랫동안 자신이 잘 알지 못한 분야에 투자하지 않는다. 주식 시장은 미인 대회와 같다.

일곱 번째, 주식은 심리 게임이다. 이성적 투자 원칙으로 아무리 많은 것을 배워도 감정을 통제할 수 없다면 결국 돈을 잃을 수밖에 없다.

워런 버핏이 세계 최고의 부자가 될 수 있었던 것은 스승인 벤저민 그레이엄의 가치투자 철학 덕분이었다. 그의 현명한 철학은 지금도 유효하다.

가격이 내재가치보다 쌀 때 산다. 투자의 성공은 명목적인 수치만 아니라 인플레이션을 살펴 실질적 성과에 근거해야 한다. 주식 투자는 남이 가지 않는 외로운 길이자 좁은 길이다.

투자의 대가 워런 버핏도 "남들이 다 좋다고 인정할 때는 고점일 가능성이 크다"라는 투자의 안전성을 강조한다. 이와 함께 워런 버핏의 가장 유명한 투자 원칙은 이렇다.

"투자의 제1원칙, 절대 돈을 잃지 말라."
"투자의 제2원칙, 절대 제1원칙을 잊지 말라."

펀드 상품

펀드란 다수 투자자의 자금을 신탁받아 형성한 자금을 분산 투자하여 얻어지는 이익을 투자지분에 따라 배분하는 간접투자제도이다. 펀드 투자의 이점은 크게 세 가지를 들 수 있다.

첫째, 소액으로 분산 투자가 가능하다. 분산 투자를 통해 리스크를 최소화할 수 있다.

둘째, 펀드는 투자전문가에 의해 관리 및 운영이 된다. 개인투자자의 경우는 전문가에 비해 정보의 취득이나 분석능력이 떨어질 수밖에 없고, 투자 경험도 적어 자금을 운용하는 데 어려움이 많다.

셋째, 규모의 경제로 인한 비용 절감을 들 수 있다. 펀드는 대규모로 투자되고 운용되므로 규모의 경제로 인해 거래 비용과 정보취득비용이 절감될 수 있다.

주식 투자 비중에 따라 주식형 펀드는 자산의 60% 이상을 주식에 투자하고, 채권형 펀드는 채권에 투자한다. 혼합형 펀드는 자산의 60% 미만을 주식에 투자한다.

투자 방식에 따라 목돈을 한꺼번에 납입하는 거치식 펀드, 일정 기간마다 일정 금액을 납입하는 적립식 펀드와 임의식 펀드로 구분된다. 투자 지역 및 통화에 따라 국내 펀드는 원화로 국내 자산에 투자한다. 해외펀드는 원화로 해외 자산에 투자한 펀드, 역외펀드는 외국통화로 해외 자산에 투자한 펀드를 의미한다. 투자 철학에 따라 성장주 펀드는 성장 잠재력이 큰 주식에 집중투자하지만, 가치주 펀드는 기업 실적에 비해 저평가된 주식에 집중투자한다.

펀드 투자는 전문가에게 대신 투자를 맡긴다고 생각한 나머지 개인적인 투자 전략이 필요 없다고 생각할 수 있다. 그러나 자신의 투자 목적을 고려하여 적합한 유형의 펀드를 결정하고, 여러 금융회사의 다양한 펀드 상품 중에서 적절한 상품을 선택하여 투자하며, 펀드 가입 후에도 지속적으로 관리해야 한다.

투자 목적과 투자 성향에 따라 펀드의 유형을 선정한다. 높은 리스크를 감수하더라도 고수익을 노리는 공격적 투자자라면 주식형 및 파생상품형 펀드를 선호하고, 반대로 위험회피성향이 높은 보수적 투자자는 채권형 또는 원금보장형 펀드를 선호한다. 주식형이라도 향후 주식전망을 좋게 보거나 안정성을 원하면 인덱스 펀드를 선택하면 된다. 2020년 높은 수익을 낸 펀드는 신재생에너지와 2차전지, 헬스케어 기업 등에 투자하는 상품이다. 반면 실적이 부진한 펀드는 천연자원 펀드와 브라질 펀드를 든다.

펀드 투자 시 유의해야 할 사항으로 다음과 같은 몇 가지를 들 수 있다.

첫째, 펀드 투자금액은 원금보장형이 아닌 경우라면 원금 손실이 발생할 수 있고, 지급 불능 시에도 예금보호 대상이 되지 않는다.

둘째, 펀드도 분산해서 투자하는 것이 좋다. 기본적으로 펀드는 분산 투자를 원칙으로 하고 있지만, 특정 산업이나 테마에 한정된 펀드도 많이 있고, 특정 지역에 집중된 해외펀드의 경우 국가 리스크가 발생할 수 있다. 따라서 섹터, 테마, 지역, 운용회사 등을 분산해서 투자하는 것이 바람직하다.

셋째, 펀드에 따라 수수료 체계가 다양하고 환매 조건이 다르기에 펀드 가입 전에 계약조건을 꼼꼼하게 따져봐야 한다.

넷째, 과거 수익률을 참조하되 과신해서는 안 된다. 펀드를 선택할 때 최근 수익률이 높은 펀드를 고르는 경우가 많은데 과거 성과가 미래에도 계속 이어진다는 보장이 없고, 많은 실증 분석 결과에서도 펀드의 과거 수익률과 미래 수익률은 별다른 상관관계가 없다.

펀드 가입 후에도 지속적인 관리가 필요하다. 우선 가입한 펀드의 운용성과와 포트폴리오 현황을 확인한다. 대부분 펀드는 정기적으로 운용성과와 포트폴리오를 공개하게 되어있다. 만일 가입한 펀드의 수익률이 유사한 펀드의 수익률이나 시장수익률에 못 미치는 경우에는 일시적 또는 지속적 현상인지 알아본다. 구조적인 문제가 아니라면 잦은 펀드 매매 및 교체는 거래 비용 면에서 바람직하지 못하다.

채권 시장

채권이란 정부, 공공단체와 주식회사 등이 일반인으로부터 비교적 거액의 자금을 일시에 조달하기 위하여 발행하는 차용증서이며, 그에 따른 채권을 나타내는 유가 증권이다. 채권 시장은 유통시장과 발행시장으로 나뉘며, 유통시장은 거래소 시장과 장외 시장으로 구분된다.

채권은 상환기한이 정해져 있는 기한부 증권이며, 이

자가 정해져 발행된다. 채권은 대체로 신용도가 높은 기관 등이 발행함으로 안전성이 높고, 이율에 따른 이자소득과 시세차익에 따른 자본 소득을 얻고 언제든지 현금화할 수 있다.

채권은 타인자본이며, 증권소유자가 채권자로, 이익이 발생하지 않아도 이자청구권을 갖고, 의결권의 행사에 의한 경영 참가권이 없으며, 상환이 예정된 일시적 증권으로 주식과는 크게 다르다.

채권은 발행 주체에 따라 국채·지방채·특수채·금융채·회사채로 나누고 이자 지급 방법에 따라 이표채·할인채·복리채, 상환 기간에 따라 단기채·중기채·장기채가 있다. 채권과 관련하여 알아야 할 용어는 채권수익률이다.

채권수익률이란 채권에 투자하여 얻을 수 있는 수익의 크기를 나타내는 척도이며 예금의 이자율에 해당한다. 발행수익률, 시장수익률, 실효수익률 등으로 구분된다. 그 가장 큰 변동요인은 채권의 수요와 공급인데, 주로 공급보다는 수요에 의하여 영향을 받는다.

그리고 채권의 가격은 만기, 발행 주체의 지급 불능 위험과 같은 내부적 요인과 시중금리, 경제 상황과 같은 외부적 요인 등에 의한 수요와 공급의 추이에 따라 결정되며 수시로 변한다.

채권은 이자와 상환금액이 확정된 확정이자부 증권이고 원리금의 상환 기간이 정해져 있는 기한부 증권으로 발행 주체, 상환 기간, 이자 지급 방법, 보증 유무 등에 따라 다양하게 분류될 수 있다. 채권가격은 그 채권에 대한 시장이자율의 변동과 역(-)의 관계에 있다.

우리가 만드는 습관, 습관이 만드는 우리

인간은 습관의 동물이다. 처음에는 우리가 습관을 만들지만, 그다음은 습관이 우리를 만든다. 즉 당신이 생각대로 살지 않으면 어느 순간 사는 대로 생각한다. 희망을 습관화해야 한다. 희망이 습관이 될 때 비로소 행복한 영혼을 가질 수 있다.

로마의 장군 퀸투스 세르토리우스는 '습관이 천성보다 완고하다'라고 했다. 좋은 습관을 들이는 것이 매우 중요하다. 현대그룹을 일군 고 정주영 회장의 "해보기나 했어?"라는 말씀은 부정적인 측면으로만 바라보지 말고 끊임없이 도전하고 성취하라는 본인의 삶을 대변하는 말이다.

우리가 하는 대부분 행동은 사고 과정을 거치지 않은 자동적 과정이다. 예컨대 아침에 일어나서 세수하고 이 닦고 옷을 입고 집을 나서는 일련의 과정은 굳이 뇌를 사용하지 않더라도, 반쯤 자는 상태에서도 해낼 수 있다. 이렇게 상당 기간 '반복적'인 행동을 통해 생각 없이 자동으로 일어나는 행동을 '습관'이라고 한다.

뇌가 기억하기 위해서는 보통 3단계를 걸친다.

첫 단계는 신호로, 신호는 우리 뇌가 기억하게 하는 일종의 방아쇠와 같다. 다음 단계는 기억이 주기적이고 반복적으로 몸이 기억한다. 기억 단계가 습관으로 이어지면 자동으로 몸의 행동으로 나타난다. 그와 유사한 변화에도 작동한다. 마지막 단계는 보상이다. 보상은 뇌가 이 특정한 고리를 앞으로도 계속 기억할 가치가 있을지 판단하는 기준이다.

시간이 지나면서 '신호 → 반복 → 보상'되는 고리가 기계적으로 변한다. 신호와 보상은 서로 얽히면서 강렬한 기대감과 욕망으로까지 나타난다.

습관은 운명이 아니다. 습관은 없어질 수도 있고 변할 수도 있으며 대체될 수도 있다. 어떤 습관이 형성되면, 뇌가 의사 결정에 참여하는 걸 멈추게 하거나 다른 일로 관심을 돌릴 수 있다. 따라서 어떤 습관을 없애려고 의식적으로 노력하지 않으면, 그 행동 패턴이 자신도 모르게 무의식적으로 같은 행동을 반복하고 만다.

큰 행복을 느끼고 싶다면 첫 단계인 신호를 목표 삼아 반복 과정을 통해 성공 습관으로 디자인하는 것이다.

금융 업무를 오래한 필자가 현장에서 만나본 부자들은 보통 사람과 다르다. 돈을 목적에 두고 일하는 것과 자신의 꿈을 목적에 두고 일하는 것은 차이가 있다. 돈이 나를 위해 일하는 것이 아니라, 돈을 위해 일하기 때문에 월급쟁이가 부자되기는 어렵다. 그렇다고 돈을 중요하게 생각하지 않아야 한다는 말은 아니다. 다만 돈을 목적에 두지 말고 습관에 두어야 한다. 자꾸 버릇처럼 돈이 목적이 되려고 해도 생각을 고쳐먹어 자신을 다잡아야 한다.

당신은 돈을 벌 것인가 아니면 끌어당길 것인가. 선택

은 당신에게 있다.

부자들의 공통된 습관 세 가지를 소개하겠다.

첫째, 자신의 일에 일가견이 있는 사람이다. 인간관계와 신용을 중시하면서 자기 일을 즐기고, 남이 원하는 일은 하지 않는다. 비즈니스의 목적을 돈을 버는 것에 두지 않고 삶에서 차이를 만든 것이다.

둘째, 절약과 근면 자세로 부자들은 써야 할 땐 과감하게 쓰지만 투철한 절약 정신을 가진다. 사치는 태양 그림을 캠퍼스에 그려놓고 그곳에서 빛이 비치기를 바라는 것과 다름없다. 그들은 내일 할 일은 오늘하고, 오늘 먹을 것은 내일 먹는 절약이 몸에 밴 사람이다.

셋째, 부자의 꿈과 목표를 향한 도전 정신이 충만한 사람이다. 중요한 일부터 처리하고 메모하는 습관을 통해 실패를 줄인다.

로스차일드는 국제적 금융 기업을 보유하는 유대계 금융 재벌이다. 19세기 나폴레옹 전쟁 이후 유럽 주요 국가의 공채발행을 맡으면서 막대한 부를 축적했다. 구틀레

로스차일드는 부를 과시하지 않았고 좁은 유대인 거리의 붉은 문패가 달린 한집에서 27년 동안 살았다. 검소한 생활을 유지하면서 자식들이 다른 사람에게 돈으로 상처 주지 않도록 충고했다. 늘 경건과 검약한 생활을 하도록 자식들을 타이르곤 했다.

나폴레옹의 어머니 레티치아는 혼자 8명이나 되는 자식을 키웠고, 1명의 황제와 3명의 왕, 3명의 왕비를 키워 냈다. 그녀의 절약 정신과 절제는 유명했다. 황제의 모후가 된 뒤에도 소박한 생활과 저축하는 습관은 변하지 않았다.

돈의 가치를 알아야 하는 이유

인류 역사상 돈은 항상 강력한 힘을 가졌다. 돈은 권력으로 숭배와 저주의 대상이기도 했다. 돈은 생명줄이다. 인간은 돈을 얼마나 얻느냐가 아니라 그것을 어떻게 활용하느냐가 중요하다. 그런데 돈이 지배하는 세계에서 현재 부익부 빈익빈 현상은 더욱 심화되며, 돈은 소수의 부자에게 편중되어 있다. 대다수 사람은 돈에 종속되어 자유롭지 못하고, 돈으로 인한 감당하기 힘든 고통에 허덕이고 있다.

그런데도 우리는 돈의 가치를 제대로 모른다면 가난에서 벗어날 수 없다. 돈과 행복을 무관한 것으로 보며, 행복은 마음먹기에 달렸다고 스스로 위안할 수도 있다. 하지만 돈과 행복에 관한 잘못된 상식을 깨어야 한다. 돈과 욕망 앞에서 정직하고 중용의 미를 찾을 때 행복할 수 있다.

"당신들은 지갑을 가득 채우고 명성과 존경을 얻고자 허둥대면서도 조금도 부끄러워하지 않는다. 도덕적 판단과 진리, 영혼의 정화에는 조금도 관심이 없다."

소크라테스가 젊은이를 현혹하고 신을 모독했다는 죄목으로 독배를 마시기 전에 마지막 행한 연설의 한 구절이다. "인생의 가치란 돈 버는 것에 아니라 바르게 사는 것이다"라는 소크라테스의 외침에 당당하게 자신은 그렇게 살고 있다고 대답할 수 있는가?

경제협력개발기구(OECD)는 학교에서 꼭 배워야 할 지식 중 하나로 금융 지식을 꼽는다. 우리나라 아이들의 금융이해도는 낮은 편이다. 돈을 관리하는 법과, 위험을 인지하는 법, 금융기관의 역할, 경제용어, 금융이해도 등을 배우지 못한 채 졸업하기 때문이다. 그 결과 돈을 본격적으로 버는 나이가 되어도 제대로 된 돈 관리를 하지 못하고 만다.

자식을 진정으로 사랑한다면 금리, 물가, 환율을 이해시켜라. 자본시장의 시스템을 공부하고 자신에게 맞는 투자 방법을 찾아라. 절약 정신과 평생 재무설계 계획을 유지하는 것이다.

미국 최초의 억만장자 석유왕 폴 게티의 아버지는 아들에게 노동 윤리를 가르쳐주기 위해 애썼다. 10대 때 아버지 회사에서 일하고 싶다는 아들에게 직접 유정을 뚫는 작업을 보조하도록 했다. 폴 게티는 다른 노동자들과 같이 하루 12시간을 일하고 3달러를 받았다. 사장 아들이라고 농땡이 치는 것은 용납되지 않았다. 폴 게티는 매일 육체노동에 지쳐 숙소에 돌아와서 쓰러져 자는 게 일이었다. 하지만 그는 일을 하겠다고 스스로 선택했기 때문에 힘든 일을 시킨 아버지에게 불평하지 않았다.

폴 게티의 아버지는 아들이 부잣집에서 태어났다고 해서 흥청망청 돈을 쓰고 다니는 아이로 자라기를 원하지 않았다. 그래서 아버지는 아들에게 일하는 것의 소중함을 가르쳤다. 동시에 미래의 유전 개발자로 클 수 있도록 노하우를 현장에서 직접 익히게 한 것이다.

폴 게티는 노동의 중요성을 강조한 아버지의 가르침을 제대로 흡수했다. 그는 아침형 인간으로 하루를 일찍 시작해서 하루 16~18시간씩 일했다. 그는 "어떻게 하면 부자가 되느냐?"는 질문을 받을 때면 "아침에 일찍 일어나 온종일 열심히 일하라"고 조언했다.

돈에 대한 태도

돈은 세상의 축소판이다. 모든 존재는 가치가 있고 돈이 가치를 대변한다. 가치는 사용 가치와 교환 가치로 구분되며 이 두 가지가 일치하지 않는 경우도 있다. 물은 효용성이 매우 높은 가치를 갖지만, 없어도 살 수 있는 다이아몬드에 비해 가치를 낮게 본다. 이처럼 돈에 대한 네 가지 태도를 살펴보자.

첫째, 돈을 도덕적으로 그릇된 것으로 보는 태도이다. 돈을 도저히 구원할 수 없는 타락의 대상으로 인식하고 돈에 대해 금욕적인 거리감을 두는 태도로, 최대한 돈을 적게 소유해야만 한다고 믿는 태도이다.

둘째, 무관심한 태도이다. 돈을 어쩔 수 없이 받아들이고 인정하면서도 삶에서 중요한 것들과는 관계가 없는 부차적인 것으로 간주하며, 돈은 아주 기초적인 필요를 채우기 위해 존재한다고 믿는 태도이다.

셋째, 돈에 대한 개혁을 요구하는 태도다. 이는 돈이 많은 고통을 낳고 불평등과 억압의 수단으로 사용되기 때문에 돈이 선한 용도로 사용되기 위해서는 먼저 지나치게 부유한 자들의 손에서 돈이 빠져나와야 한다고 생각하는 태도이다.

넷째, 근본적으로 돈을 수용하는 태도이다. 돈은 인간의 필요에 따라 자연스럽게 생겨난 것이며, 비록 그것이 불공정하고 불완전하더라도 인간의 속성을 표현한 것으로 받아들여야 한다는 태도이다. 돈과 영혼 사이에서 올바르고 균형 있는 선택이 요구된다.

돈의 품격

공자는 돈에 대해 이렇게 말했다.

"사람이 돈 있고 지위를 얻었을 때는 품격을 지키기는

쉽다. 불우하고 역경에 처했을 때, 그 품격이 시들지 않고 보전된 사람이 참된 품격의 사람이다. 그러므로 불행한 환경에 처했을 때일수록 처신을 잘해야 한다."

품격의 사전적 의미는 '사람 된 바탕과 타고난 성품, 사물 따위에서 느껴지는 품위'이다. 누구나 품격 있는 정치, 품격 높은 상품, 품격 있는 사회생활 등을 요구하지만 이것들을 쉽게 이룰 수 없다.

돈의 품격은 금액의 다과, 순간적 감정의 결과가 아니다. 돈의 품격은 올바른 문제 해결, 이론이 아닌 실행, 사소하지만 지속하는 향기, 기름진 땅을 경작하는 거름의 역할 등이 자연스럽게 이루어질 때 생긴다.

때로는 돈은 우리에게 행복과 기쁨의 원동력이 될 순 없다. 돈을 많이 모으고 학식이 높아야 행복한 것도 아니다. 돈의 품격을 이해하지 못하고 행복에 대한 집착으로 돈 모으기 강박증에 걸린 사람들이 많다.

그러나 돈이 우리의 일상을 온통 지배하도록 놔둬서는 안 된다. 돈은 인생의 전부가 될 순 없어도 매우 중요하다. 돈의 노예가 아닌 주인이 되어야 한다. 돈을 남겨 주려는 노력보다는 돈의 품격을 자녀들에게 남겨줘야 한다. 돈의 품격은 최고의 유산인 셈이다.

돈의 품격을 유지하는 세 가지 방법이 있다.

첫째, 돈을 더 버는 것만으론 품격이 올라갈 수 없다.

연봉이 5000만 원인 사람이 1억을 받으면 훨씬 행복해질 것이라고 생각한다. 그러나 연봉이 오르면 오를수록 연봉에 맞는 소비 지출이 늘 뿐 행복은 커지지 않는다. 심리적·정서적 측면에서 자기 인식과 돈의 품격을 이해하지 못한다면 돈 문제는 계속해서 당신을 괴롭힌다.

둘째, 돈 관리하는 방법을 배워야 한다.

우리가 사는 데 돈은 필수지만 돈을 제대로 관리하는 방법을 배우지 못한 사람이 문제다. 시중에 수많은 재테크 책들이 있지만 대개 잔기술만을 강조해 소개할 뿐 돈 관리의 기본을 제대로 알려주는 책은 별로 없다. 돈 관리는 로또 당첨이나 허황된 꿈을 버리고 전문성과 미래를 예측하고 준비하는 습관을 채워야 한다.

셋째, 투기 대신 투자한다.

돈을 버는 방법은 크게 두 가지다. 근로의 대가로 돈을 받는 것과 돈을 투자해서 수익을 누리는 것이다.

회사 급여만으로 부자가 되기는 어렵다. 은행 저축만으로는 겨우 자기 가족만 부양할 수 있을 뿐 사회에 큰 영향력을 미칠 수 없다. 저축과 투자를 균형 있게 하면서 일이 노동이 아닌 과업으로 승화시킨다. 본인이 일해서 벌기보다는 직원이 열심히 돈을 벌어다 주는 시스템을 갖춰야 사회의 선한 영향력에 동참할 수 있다.

돈의 힘은 매우 강하다. 정상의 명예나 지위에 누린 사람들도 시간이 지나면 헛된 것이라 생각이 든다. 하지만 돈의 욕심에는 한도가 없다. 시간을 잃는 데는 무덤덤하면서도, 잃은 돈에 대해서는 민감하다. 살면서 돈에 얽힌 갈등은 말끔히 없앨 수 없다. 있는 현실을 그대로 인정하자. 고통이 다가올지라도 고스란히 짊어질 수밖에 없다는 용기와 배포가 있어야 한다.

돈의 품격은 돈 문제가 발생해도 삶의 균형감을 유지하고, 평화로운 마음을 유지하는 상태를 말한다. 돈을 벌되 균형 잡힌 삶을 목표로 삼아야 한다.

돈으로 해결되지 않는 것들

자본주의 사회에 돈으로 해결되지 않는 것이 있을까 싶을 정도로 모든 것이 거래를 통해 이루어진다. 이런 거래 만능 시대에서 드러나는 문제점은 불평등과 부패라고 생각된다.

돈으로 살 수 있는 것들이 많은 곳일수록 부자와 빈자의 격차가 뚜렷하게 나타난다. 부자들은 인도인 여성의 대리모 서비스를 받고 싶으면 약 6250달러만 주면 가능하다고 한다. 교도소에서도 비교적 자유롭게 면회하거나 좋은 방으로 바꾸려면 약간의 돈으로 해결할 수 있다.

자본주의 사회에선 돈으로 모든 것을 설명할 수 있지만, 돈으로 설명할 수 없는 것도 많다. 마이클 샌델은 저서 《돈으로 살 수 없는 것들》에서 많은 것을 돈으로 살 수 있지만 양심, 마음, 사랑은 돈으로 살 수 없는 대표적인 것이라고 말했다. 돈으로 다른 사람의 머리를 빌릴 수 있지만, 순수함은 살 수 없다. 돈으로 여행을 할 수 있지만, 추억은 불가능하다. 돈으로 쾌락은 얻을 수 있지만 사랑은 어렵다. 사람들은 돈만 있으면 무엇이든지 가능하다고 여기지만, 돈이 모든 것을 가져다주지 못한다.

소확행, 작지만 확실한 행복이라는 말이 유행이다. 막 구운 따뜻한 빵을 손으로 뜯어 먹고, 햇빛에 내리는 테라스에서 음악을 듣고, 어려운 친구에게 손편지를 보내고, 정성껏 만든 음식을 이웃과 나눠 먹는 것 등 일상 속에서 작은 기쁨을 찾는 노력이다. 돈은 잃어도 전부를 잃진 않지만, 사랑을 잃으면 전부를 잃는다.

돈 없는 젊은이는 되어도 돈을 모르는 노인은 되지 마라. 돈에 질질 끌려다닐 것이 아니라 행복한 인생을 누리기 위한 돈 공부와 어떻게 살아가야 할지 진지한 성찰이 필요하다.

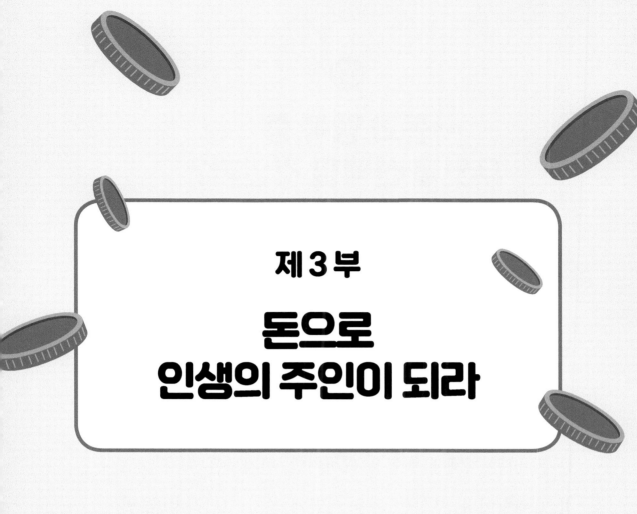

제 3 부

돈으로
인생의 주인이 되라

01
돈과 행복 중
무엇을 선택할 것인가?

　부자란 돈이 많은 사람을 말한다. 돈 버는 이유가 부자는 돈 버는 자체에 희열을 느끼지만, 빈자들은 죽지 않고 살기 위함이다. 부자는 돈을 어떻게 쓸지 고민하지만, 빈자는 돈을 벌기 위해 일한다. 부자는 돈이 돈을 벌어주지만, 보통 사람은 노동으로 돈을 번다. 부자는 자본소득 비중이 높지만, 빈자들은 근로소득에 의존한다.

　인류 역사상 최고의 거부인 록펠러 회장에게 한 기자가 "얼마만큼의 돈을 가지면 충분한가요?"라고 묻자 록펠러는 "더"라고 답했다. 돈은 바닷물과 같아 많이 먹으면 먹을수록 더 목마르게 된다.

직장인의 꿈

돈을 버는 것과 돈을 아는 것은 다르다. 돈 많은 사람은 투자할 필요가 없지만 돈 없는 사람일수록 투자를 열심히 해야 한다. 주식 시장은 경제와 분리할 수 없다. 투자자에게 요구되는 것은 용기와 장기적 안목이다. 이런 자질을 얻으려면 꼭 돈 공부가 필요하다. 큰 행운으로 부자가 된 경우라도 제대로 돈 공부를 못하면 다시 가난해질 수밖에 없다. 인생의 가장 중요한 선택은 돈, 명예, 건강도 아닌 행복의 선택이다.

언제부턴가 꿈을 이야기하면 "아직도 현실 파악 못 하네"라는 핀잔을 들었다. 이제는 꿈이 없다고 하면 "생각 좀 하고 살아라. 생각대로 살지 않으면 사는 대로 생각하게 된다"는 타박도 이어졌다.

현실은 자신의 꿈을 이야기하는 것조차 허무맹랑한 이야기, 사치스러운 이야기로 여겨지는 것도 사실이다. 그렇다고 꿈이 없다면 미래 역시 없다.

누구나 꿈을 바라지만 구체적인 목표를 세우고 실천에 옮기는 사람은 생각보다 적다.

꿈이란 실현하고 싶은 희망이나 이상을 의미하면서 살

아가게 하는 동력이다. 목표란 도달해야 할 곳을 지향하는 실제적 대상이다. 따라서 꿈과 목표는 서로 떨어질 수 없는 관계다. 꿈을 달성하기 위해서는 목표를 설정하고 거기에 집중해야 하기 때문이다.

꿈과 목표는 다르다. 꿈은 멀고, 목표는 가깝다. 꿈은 이상적이지만, 목표는 구체적이다. 꿈은 발견하는 것이고, 목표는 만드는 것이다. 힘든 목표를 피하면 찬란한 꿈은 사라진다.

우리에게는 단순한 꿈보다는 구체적인 목표가 필요하다. 직장인의 현실적인 목표는 급여 인상이나 임원이 되는 것이다. 이런 목표가 달성되어야 직장 안에서 살아남을 수 있고, 성장하는 밑거름이 되기 때문이다. 하지만 꿈을 직장 안에서만 가두기는 부족하다. 꿈이 현실에서 벗어나고 싶은 열망과 창업이나 자기계발 등이 원대한 소망일 수 있기 때문이다.

삶을 위한 고민과 노력

방탄소년단(이하 BTS)이 불러일으킨 경제 효과는 천문학적이다. 현대경제연구소가 연구 발표한 BTS의 생산 유발 효과는 연평균 4조1400억 원에 육박한다. 대표적 경제 효과로 티켓 판매비와 중계 극장 대관료, 공연장 대관료, 관객 숙박비 및 부가관광 지출 등이다. BTS가 서울에서 단 3일간 연 공연 경제 효과가 1조 원에 육박한다.

돈 버는 경로는 다양하다. 예술도 돈으로 증명되는 시대이다. 부자는 직장인과 다르다. 그들은 돈을 제대로 대접하는 태도를 지녔다. 적은 돈이라도 함부로 대하지 않는다. 직접 일하지 않아도 돈이 들어올 수 있는 시스템을 구축한다. 고생 없이 번 돈은 속 빈 강정에 불과하다. 남의 돈을 벌어줄 때 보상이 따르기 마련이다. 돈은 기름진 밭이라면 행복을 그 밭에 뿌려진 씨앗이다.

벼룩시장의 조사 자료에 따르면, 직장인의 꿈 중 '내 집 마련'이 1위에 올랐다. 다음으로 목돈 만들기, 은퇴 후 여유로운 사람, 창업 등이다. 직장인의 꿈과 목표는 동떨어져 있다. 직장인 10명 중 9명은 인생을 사는 데 목표가 중요하다고 생각한다. 10명 중 6명은 현재 직업이 학창 시절 장래 희망과 전혀 관련이 없다고 답했다. 현재 하는 일에 매우 만족하고 있다고 답한 직장인은 10명 중 1명뿐이었다.

국세청 자료에 따르면 '직장인의 꿈'으로 불리는 억대 연봉을 받는 직장인이 지난해 85만 명에 불과하다. 삶의 목표와 만족도에 가장 큰 영향을 미치는 것이 경제적 여유라고 본다면 많은 직장인이 불행한 것이다.

이런 현실에서 벗어나기 위해서는 자신이 무엇을 원하는지 혹은 하고 싶은 일에 대한 깊은 성찰이 필요하다.

직장(job)과 일(work)은 엄연히 다르다. 전자는 단순히 돈을 벌기 위해 하는 행위지만 후자는 자신이 좋아하는 것, 의미가 있는 것을 찾는 것이다. 생계유지를 위해 돈 벌수밖에 없는 현실을 부인할 수는 없다. 하지만 품격 있고 더 나은 삶을 위해서는 의미 있고 가치 있는 일을 찾는 고민과 노력이 필요하다.

잊어버린 꿈을 다시 찾고, 이기적인 행복에서 벗어나 공동체적인 목표를 위해 작은 것부터 실천하자. 작은 변화가 인생을 바꾼다.

돈으로 행복을 살 수 있는가?

계영배(戒盈杯)라는 술잔은 고대 중국에서 과욕을 경계하기 위해 만든 '의기(儀器)'에서 유래되었다. 이 의기는 술을 어느 정도 부어도 전혀 새지 않다가 7할 이상 채우게 되면 밑구멍으로 쏟아져 술이 과하지 않도록 만들어졌다. 공자도 이를 본받아 항상 곁에 두고 스스로 가다듬으며 과욕과 지나침을 경계했다고 한다. 우리에게 돈에 대한 가치도 넘치지도 모자라지도 않은 절충과 균형의 미학인 '중용(中庸)'이 요구된다.

사마천은 돈에 대한 욕망이 인간의 본성으로, 인(仁)과 예(義)보다 먹고사는 것이 우선이라고 했다. 인간이 돈을 벌고 싶은 이유는 돈이 더욱 인간답게 할 수 있고 사람과의 관계를 더욱 돈독히 한다는 긍정적인 생각 덕분이다.

우리는 돈에 대한 고정관념을 과감하게 탈출해야 한다. 돈은 개인과 국가의 행복과 불행을 좌우하며 인간관계를 결정짓는다. 돈의 철학은 돈을 통해 지혜를 찾고 삶과 세상의 정신적 틀을 갖추는 것이다.

돈 없는 젊은이는 되어도 돈을 모르는 노인은 되지 마라. 돈에 질질 끌려다닐 것이 아니라 행복한 인생을 누리기 위한 돈 공부와 어떻게 살아가야 할지 진지한 성찰이 필요하다. 교양인은 쾌락을 절제하며 돈으로부터의 자유를 획득한 자다.

돈으로 행복을 살 수 있는가? 돈으로 행복을 살 수 없는가?

행복과 돈의 관계에 대해서 양극단의 두 개의 가치가 혼재하고 있다. 서로 모순되고 있는 것처럼 보인다. 인생의 절실한 문제를 해결하는 데 돈만큼 중요한 것도 없다.

돈에 대한 철학을 어떻게 가지느냐에 따라 삶이 달라진다. 돈이 지나치게 많은 것도 너무 가난한 것도 살아가기에 좋지 않다.

돈이 아무리 많아도 전혀 행복하지 않은 사람과 빈곤의 상태에 있는 사람도 행복할 수 있다. 돈과 행복의 관계는 전혀 없는 것도 아니고 밀접한 것도 아니다. 각자의 돈의 철학에 따라 달라진다. 부귀영화를 누리는 이들도 돈과 행복은 관계가 작다고 한다. 빈자들에게 돈은 행복에 이르는 유일한 열쇠요 길이라고 말해도 틀린 말은 아니다. 천사와 악마가 혼재하는 돈의 성질을 깨닫고 정신의 근육을 튼튼하게 만들 필요가 있다.

한 번뿐인 인생, 잘 살고 싶다면 돈을 좇지 말고 태도를 만들어야 한다.

돈을 버는 것보다 돈을 잘 아는 사람이어야 한다. 부를 얻고 유지하기 위한 공부가 필요하다. 큰 행운으로 부자가 된 경우라도 돈의 이치, 세상의 이치를 모른다면 다시 가난해질 수밖에 없다.

공짜 점심은 없다

세상에 돈 싫어하는 사람이 어디 있겠는가? 사회생활을 하면서 "나는 돈에 관심 없다" 혹은 "당신에게 특별히 돈 벌어주겠다"라고 하는 사람은 경계해야 한다. 사기꾼이나 허풍쟁이 혹은 과대광고를 하는 사람일 경우가 높기 때문이다. 만약 돈을 벌 수 있다면 자신이나 하지 왜 다른 사람을 유혹하겠는가? 세상에 공짜는 없다. 공짜 치즈는 쥐덫에만 놓여 있다.

'외상이면 소도 잡아먹는다'는 속담처럼, 공짜에 중독되면 그 대가는 혹독하다. 선심성 공짜가 많은 나라일수록 망하는 속도가 빠르다.

돈을 받으면 자유를 잃게 된다. 직장에서 받는 월급도 개개인의 능력과 시간을 회사에 저당 잡힌 노력의 산물이다. 유동성이 많고 초저금리라고 해도 준비 없이 무작정 투자해서 돈을 벌 수 있을까? 제대로 경제 공부를 하지도 않고 돈 버는 게 얼마나 어려운지도 모르는 사람이 지인이 준 정보에만 의지해 돈을 번다면 이걸 정의라 할 수 없다. 땀 흘리지 않고 돈 버는 무리를 우리는 불한당이라고 부른다.

우리 삶의 궁극적인 목표는 행복이지만 그 과정은 자유롭고 공평해야 한다. 이때 가장 필요한 것이 돈이다. 돈이 보장해주는 자유는 생각보다 크다. 자유로워지기 위해 우리는 돈을 벌어야 한다.

옛날 어느 왕국에 늙고 병든 왕이 외동아들에게 왕위를 물려주고자 했다. 왕자는 도통 나랏일에는 관심이나 재능이 없었다. 왕은 신하들에게 왕으로서 알아야 할 지식과 법도를 책으로 만들어 오라고 명령했다. 학식 높은 선비들이 몇 달에 걸쳐 10권으로 만들었다. 왕은 왕자가 10권의 책을 읽을 능력이 안 되니 더 줄여 가지고 오라고 했다. 목숨이 아까운 신하들이 압축하여 1권으로 만들어 왔다. 하지만 한 권의 책도 공부를 싫어하는 왕자에겐 너무 많았다. 다시 왕은 그것도 많다고 하자 선비들은 책을 한 문장으로 요약해 왔다. 그 문장이 바로 '세상에 공짜는 없다'이다.

하나은행의 '2020 코리안 웰스 리포트'에서는 한국 부자들의 자산관리 형태를 분석했다. 주요 내용을 살펴보면 다음과 같다. 부자들의 자산 확보 시기는 평균 41세, 시드머니를 확보하는 1순위는 사업 소득이고 두 번째는 상속 및 증여(25.4%)로 조사됐다. 보통 사람이 노력하는 얻게 되는 근로소득은 하위에 있다. 부자의 기준은 금융상품 10억 원 이상이며 부동산을 포함하면 30~40억대 자산을 가진 사람들이다. 선호하는 금융상품은 지수연계상품(ELS, ELT, ELF)이다.

소매상으로 세계 1위 기업은 월마트다. 창업자 샘 월튼은 1992년 '자유의 메달'을 받았다. 자유 메달은 미 대통령이 매년 각 분야에서 큰 공헌을 한 미국인에게 수여하는 상으로, 이 상은 큰 공헌을 한 미국인에게 수여하는 최고 영예의 시민상이다. 당시 암 투병 중인 월튼의 상황을 고려하여 대통령 부부가 직접 월마트로 찾아와서 시상했다.

메달에 새겨진 문구는 월튼의 공적을 압축했다.

'겸손이 근본인 이 사람은 자신의 능력을 결코 의심하지 않았지만, 또한 성공을 결코 과시하지도 않았다.'

샘 월튼의 삶은 결코 하루아침에 이루어지지 않았으며, 자신의 능력과 성공을 의심하거나 과시하지 않았다. 그는 모든 사원의 말에 경청하면서 고객의 기대를 넘어 고객이 원하는 것 이상을 줬다. 직원의 잘못에 대해서는 무조건 사과하고 보상한다. 월마트 1호점 간판에 쓰여 있던 '만족 보증'이 최선의 전략이다. 하는 일에 늘 감사하며 상대방에게 칭찬을 아끼지 말라는 의미이다.

은퇴자산관리법

한 설문조사에서 은퇴 준비를 끝냈다고 응답한 사람은 8.6%에 불과했다. 돈·인간관계·사회활동의 균형으로 젊었을 때부터 은퇴 준비가 필요하다. 막연하게 "어떻게 되겠지", "설마 산 입에 거미줄 치겠어?" 등의 안일한 생각은 금물이다.

65세인 K 씨는 은퇴한 지 3년 되었다. 코로나19 탓에 동호회 활동도 줄이고 외식이나 여행도 삼가는 등 힘들긴

마찬가지다. 하지만 코로나19 사태 전엔 그야말로 '액티브 시니어'로 은퇴 후 삶을 만끽했다.

은퇴 준비를 하면서 꿈꿨던 버킷리스트를 하나씩 실행했다. 작년 여름엔 미국 뉴욕에서 출발하는 크루즈를 아내와 함께 다녀왔다. 월급쟁이로 열심히 일한 30년 세월을 제대로 보상받는 듯했다. 자식들과 함께 베트남, 하와이 여행을 즐기면서 '이런 게 정말 행복한 은퇴구나'라는 생각도 들었다. 앞으로 계획은 해외나 지방에서 한 달 살기를 계획 중이다. 물론 시간제 아르바이트와 봉사활동을 게을리하지 않는다.

K 씨의 행복한 은퇴는 저절로 이뤄진 게 아니다. 첫 번째 비결은 탄탄한 재무 준비다. 40대 초에 부부가 각자 개인연금에 가입해 60세부터 연금을 받고 있다. 62세엔 퇴직금과 동시에 국민연금도 나온다. 연금만으로도 부부가 살아가기에 부족함이 없다.

아파트도 서울 외곽의 작은 평수로 갈아탔고 두 부부가 살기에 충분하다. 귀농도 잠깐 생각했지만 도시 생활에 익숙한 탓에 편의시설이 좋은 지금 살고 있던 곳이 낫다고 본다. 남은 돈으로 오피스텔을 구매했고 금융기관에 예금해둔 상태다. 더 나이가 들면 오피스텔을 처분하고 지금 사는 아파트로 주택연금을 받을 작정이다.

두 번째 비결은 다양한 사회관계망을 사전에 준비했다는 점이다. 여느 퇴직자들은 평소에서 발이 넓어 만나는 사람도 많았지만 정작 퇴직 이후에는 사라져버린다. 대부분 일 때문에 만난 사이였기 때문이다. 그는 퇴직 전부터 동호회 활동을 준비했다. 또한 봉사활동을 위해 자신이 할 수 있는 일도 준비하고 있다.

직장 생활을 할 때는 은퇴 후의 여유 있는 삶을 꿈꾸지만, 막상 은퇴하고 나면 재정 문제 등 현실적인 벽 앞에 놓이게 된다. 소중한 은퇴 자금을 어떻게 지키고 불려야 할까. 이것은 은퇴 후 100세 시대를 살아가는 시니어의 큰 고민 중 하나다.

최대한 원금을 잃지 않으면서 현명하게 자산관리를 하기 위해 분산 투자와 돈 공부는 필수다. 은퇴 자금 중 3분의 1은 주식, 달러 자산, 금 등에 직접 투자한다. 다른 3분의 1은 정기예금 등 원금보장 상품과 6개월~1년 만기의 단기 채권 등에 배분한다. 또 다른 3분의 1은 펀드, 리츠,

장기 채권 등에 간접 투자한다. 주식 투자할 경우에는 우량주 중심으로 투자하며 주가연계증권인 ELS 상품, 국내외 우량종목을 기초자산으로 하는 ETF 등에 관심을 둔다.

최근 부동산 담보나 지급보증이 된 부동산 펀드, 리츠, 신규상장(IPO, 공모청약)이 인기다. 단기적 수익과 안정적인 배당수익을 받을 수 있어 인기가 높다. 하지만 우량상품일수록 발행 한도가 많지 않기 때문에 평소 금융 공부는 물론 경제신문 등을 꾸준히 보면서 상품 정보를 입수해야 한다.

달러 자산 투자는 경제 위기가 오면 가치가 상승할 가능성이 높고 환율 상승으로 발생한 환차익에는 비과세 혜택도 주어진다. 금 투자의 방법은 골드바를 직접 구매하거나, 금 통장의 간접투자, 금 펀드에 투자하는 방법이 있다. 이외 우량기업이 발행한 해외 채권을 매입하는 방법도 있다.

이중 가장 좋은 투자 방법은 초우량 기업을 찾는 것이다. 저금리 시대를 극복할 수 있는 대안으로 해외 우량주식에 자산 배분을 늘려간다. 앞으로의 시대는 AI와 아마존, 테슬라 등 플랫폼 초우량 글로벌 기업들이 시장을 주도할 것이다.

단기 비상자금의 경우에는 최소 3개월 생활 자금으로
확보하면서, 금융기관의 특판 상품을 적절히 활용하는 게
유익하다.

안이한 생각에서 벗어나기

성호 이익 선생의 《관물편(觀物篇)》'에 이러한 이야기
가 실려 있다.

"개구리가 뛰어가고 뱀이 그 뒤를 쫓고 있었다. 개구리
는 빠르고 뱀은 느릿느릿하기에 형세로 보아 따라잡을 수
없을 것 같았다. 그러나 개구리는 처음에는 거의 한 길씩
되게 뛰다가도 잠시 뒤에는 문득 서 버리곤 하였다. 그 때
문에 뱀이 곧바로 따라잡아서 개구리를 물어 버렸다."

개구리는 빨라서 재앙을 피할 수 있었지만, 마음이 해
이해져서 뱀에게 먹히고 말았다. 재앙과 변화가 다가오는
데 대부분 '괜찮겠지'하는 마음은 위험하다.

기성세대들은 그동안 쫓기면서 살아왔지만, 노후에 위
로받을 곳이 없다고 푸념한다. 나날이 쇠락하는 몸을 바
라보면서 소리 내어 울지도 못한다. 이들은 지난 50여 년

의 한국경제의 주역으로 열심히 몸이 부서져라 일만 한 베이비부머들이다. 그들은 막연히 불안하긴 했지만, 장수 시대가 빨리 현실로 다가올 줄 몰랐다. 우리나라 실질 퇴직 연령이 53.3세라 하지만 실제 은퇴는 더 빠르다. 이제는 '120세 시대 쇼크'를 피할 수 없는 자연의 순리로 여겨 자신에게 적합한 노후 준비가 필요하다. 경제적인 문제에 국한된 청사진이 아닌 누구와 무엇을 하면서 어떻게 삶의 가치와 보람을 찾아 나갈지에 대한 종합적인 고민이 필요한 시점이다.

자수성가형 부자

필자는 오랫동안 증권영업장에서 고객들과 상담하면서 부자들의 공통점을 발견했다. 부자는 부자들만의 돈에 대한 관념과 습관을 갖고 있었다. 돈 번 형태는 다양하지만, 돈에 대한 태도와 경제 흐름의 예측이 전문가를 능가한다. 자수성가 부자들의 습관을 한 가지씩 따라 실천하면 성공할 수 있다. 하지만 그렇다고 해서 무조건 부자가 되는 것은 아니다. 자수성가한 부자들의 세 가지 형태는 다음과 같다.

첫째, 창업 혹은 스타트업 초기 멤버로 합류한다.

스타트업을 창업해 M&A를 하거나 직접 상장시켜서 부를 쌓는다. 전 세계에서 창업 열풍이 가장 높은 나라는 중국이다. 하루 평균 1만 5천 개가 넘는 스타트업이 생겨난다. 전국에 1만 개가 넘는 혁신적 창업 플랫폼이 있고 대학생 창업가의 수도 한해 55만 명이 넘는다고 한다. 창업의 목적은 돈 벌기 위함이다. 화웨이, 바이두, 레노버, 샤오미 등 중국 굴지의 기업들도 스타트업 기업이었다. 반면 우리나라 젊은이들의 꿈은 공무원, 대기업, 건물주다.

둘째, 투자로 경제적 자유를 이뤘다.

투자로 부자가 된 사람도 많다. 투자 경력이 길거나 가방끈이 길어서 부자가 되는 것이 아니다. 자신만의 소신과 투자 철학이 부를 낳는다. 주로 가치 투자하는 사람들이 많다.

셋째, 임원이 되어 부자가 되었다.

대기업 임원의 연봉은 수십억 원에 이른다. 임원 되기는 1%가 되지도 못하지만 일단 임원이 되면 어느 정도 경제적 자유를 이루게 된다.

　부자들은 자수성가형 부자가 대부분이다. 대표적 사업가였던 고 이병철 회장은 1938년 대구에서 삼성상회를 설립, 청과류와 어물 등을 중국에 수출하였다.

　한국 전쟁 때 부산에서 삼성물산을 설립·운영하였으며, 환도 후 본격적으로 사업에 착수하였다. 1953년부터 상업자본에서 탈피하여 제조업에 투자함으로써 산업 자본화하였다.

　현대의 고 정주영 회장은 초등학교 졸업이 학력의 전부다. 젊은 시절에는 집안의 돈을 훔쳐서 가출한 적도 있으며 아버지는 이때 "대학을 나온 놈도 실업자가 되는 판국에 넌 장남이니 농사를 지어야지"라면서 타일렀다고 한다. 다시 가출해 인천 부둣가에서 막노동을 해 돈을 벌며 서울에 정착했다. 그 후 신당동 쌀가게에서 점원으로 일하다가, 쌀가게 '경일상회'를 차렸다. 창의력과 열정으로 남이 하지 않는 것을 이룩한 셈이다.

　이런 사항들을 종합해서 정리하면, 한국 부자에겐 다음과 같은 10가지 특징이 있다는 걸 알 수 있다.

첫째, 전문가를 잘 활용한다.

부자는 은행원이나 증권사 직원과 가깝게 지낸다. 그들에게 시의적절하고, 정확한, 좋은 정보를 얻는다. 하지만 최종 판단은 항상 자신들의 몫으로 남겨둔다.

둘째, 아침형 인간이 많다.

성공한 사업가나 부자들은 일찍 일어난다. 새롭게 일어날 흥미진진한 일을 침대에서 맞고 싶어 하지 않는다. 삶에 대한 목표가 뚜렷하고, 아침에 하루를 계획하는 것이다. 이것이 건강에도 좋다고 한다.

셋째, 오래 산다.

돈이 많고 지위가 높은 집단일수록 스트레스가 적어 오래 산다고 한다. 한 조사에 따르면 절대적인 부와 명예의 크기가 수명을 좌우한다기보다는, 다른 사람보다 우월하다는 확신이 수명을 좌우한다.

넷째, 반려자를 투자 파트너 겸 조언자로 존중한다.

부자들은 아내를 인생의 동반자로서뿐 아니라, 투자

파트너로도 인정한다.

다섯째, 항상 표정이 밝다.

얼굴에서 돈이 새지 않도록 어둡고 우거지상을 짓지 않는다. 항상 미소를 머금은 표정이 밝고 자신감이 있다. 이것은 긍정적인 삶을 의미한다.

여섯째, 절약의 습관이 배어 있다.

절약하는 것은 건전한 소비 지출과 돈 관리를 잘하고 있다는 의미다. 부자들은 소비제품을 유행이나 스타일이 변했다고 남을 따라 사지 않는다. 옷차림도 수수하다.

일곱째, 부동산을 중시한다.

어디에 사느냐에 따라 부자가 결정된다. 남향을 중시하며 사는 아파트에서 가장 비싼 동, 호수에 거주한다.

여덟째, 자녀 교육에 투자하는 성향이 강하다.

서울대 신입생 중 아버지의 직업이 고소득 화이트칼라인 비중이 날로 높아지고 있다고 한다. 부자들은 자산을 지키기 위해 자녀 교육이 중요하다고 생각한다. 자녀가 잘 성장해야 자산이 잘 상속되기 때문이다.

아홉째, 긍정과 자존심이 있다.

말투에서 자신감과 긍정을 느낀다. 자존심 없이 부자의 길을 걸을 수 없다. 숱한 위험과 불안감을 이기는 길은 오직 하나. 자긍심이 바탕이 된 투자 철학이다.

열째, 독서의 중요성을 알고 실천하며 주변 사람들에게도 강조한다.

현명한 투자자는 끝없이 공부하고, 배우고, 생각한다. 빌 게이츠, 일론 머스크, 마크 저커버그, 워런 버핏, 조지 소로스, 손정의 등은 모두 독서광이다. 독서는 사람을 성장시키고, 기회를 볼 수 있도록 시야를 넓혀주며, 상황을 정확하게 판단하고 결정하는 통찰력을 키워준다. 책을 읽는 도중에는 뇌가 더 활발해지고 늙지 않는다. 뇌를 방대한 지식 창고와 창의성의 보고로 만든다.

02

부를 이뤘을 때 열리는 인생 2막

평생 늙지 않는 방법

하이드론 테크놀로지 창업주 하비 토먼은 다음과 같이 말했다.

"나이는 문제되지 않는다. 당신의 꿈에 집중하라. 그 어떤 것도 당신의 정신을 흩뜨리게 하지 말라."

은퇴 이후 자신 있게 살아가기란 쉽지 않다. 자신 있게 살기 원한다면 먼저 자신이 행복해야 한다. 타인과 비교해서 더 우월하다고 느껴야 성공이라고 생각하는 사람에게는 행복이 쉽게 다가오지 못한다. 행복은 다른 사람을 행복하게 만들 때 자신의 행복이 슬며시 다가온다. 현재 모습에 감사하고 남과 비교하지 않은 것이 행복의 씨앗이다. 자신 있는 사람은 지혜롭게 나이 드는 것은 두려워하지 않고 오히려 즐긴다.

'인생 최고의 날은 언제인가?'

내 인생 최고의 날은 아직 오지 않았다고 생각한다. 과거는 지나간 시간으로 나를 지배할 수 없다. 오늘을 최고의 날이라고 생각하는 자체가 이미 성공한 인생이다. 현명한 삶은 나이 든다고, 시간이 흐른다고 저절로 되는 것이 아니다. 당당하고 나다운 인생 후반부를 준비하는 열정에서 시작된다.

은퇴란 퇴장이 아닌 새로운 일을 하는 생의 과정이다. 은퇴는 또 하나의 도전이다. 열정 인의 사전에 은퇴란 단어가 없다.

레이 크록은 52세 때 맥도날드 식당을 사서 운영했다. 전 세계적인 패스트푸드 KFC의 창업주 할랜드 데이비드 샌더스도 65세에 창업했다. 세계 최대의 유통기업 월마트의 창업주 샘 월튼도 42세의 늦은 나이에 이르러 성공했다. 괴테는 인류의 유산 파우스트를 83세에 썼다. 노년은 더는 병약하고 슬픔에 시달리는 시기가 아니다.

100세가 넘은 김형석 교수는 나이와 상관없이 지금이 바로 남은 미래를 위한 인생에 최고의 골든 타임이라고 한다. 그러기에 지금을 허비하거나 놓치지 말고 자기 일을 사랑하라고 한다. 인생의 최고 골든타임을 60세부터 75세까지라고 한다. 나이가 들어도 젊은이와 달리 남는 시간에 공부하고, 건강하다면 더 행복하다. 이것이 바로 관점의 차이다.

인생의 끝에서 후회하지 않는 10가지 전략을 명심하라.

첫째, 기회가 있을 때마다 여행한다.

나이가 들수록 비용면이나 체력적으로 여행하기가 힘들어진다. 특히 가족과의 추억은 앞으로 살아갈 원동력을 제공한다.

둘째, 꾸준히 공부한다.

국·영·수만 공부가 아니다. 외국어, 악기, 봉사 등 머리가 녹슬기 전에 배우고 익힌다.

셋째, 악연을 청산한다.

만일 당신이 악연을 그대로 두기로 선택했다면, 당신은 그 부분에 대해 불행하기를 선택한 것과 같다. 내가 먼저 손을 내민다.

넷째, 운동을 열심히 한다.

너무 많은 시간을 소파에서 보냈다. 걸으면 살고, 앉아 있으면 죽는다는 사실을 깨닫고 운동을 생활화한다.

다섯째, 좋아하는 일을 한다.

끔찍하게 싫은 직업에서 벗어난다. 돈 때문에 직장이 지옥처럼 느껴질 수 있다.

여섯째, 학교에서 못 한 공부를 후회하지 말고 지금부터라도 열심히 공부한다.

학교 점수가 당신의 인생을 결정하지는 않는다.

일곱째, 세상이 얼마나 아름다운지 깨닫는다.

소소한 하루, 평범한 만남도 아름답다. 지금 이 순간이 가장 아름다웠던 때이다.

여덟째, 감사한 순간을 위해 잠깐 멈춘다.

때때로 주변을 둘러보기 위해 멈춰서는 건 좋은 것이다.

아홉째, 다른 사람이 어떻게 생각하는지 지나치게 신경 쓰지 않는다.

상대는 당신의 꿈과 일에 그다지 관심이 없다. 혼자 웃는 거울은 없다. 사회적 기대에 맞추어 당신을 가두지 않는다.

열째, 사랑한다고 말한다.

나이가 들면서 사랑의 이유를 찾기 전에 그냥 사랑한다고 표현한다.

운명을 사랑하라

삶의 형태를 크게 거미형, 개미형, 나비형 등의 세 가지로 나눌 수 있다.

거미형 인간은 거미줄을 쳐놓고 먹을 것을 구한다. 스스로 생산적인 노력을 하기보다는 과거에 얻은 지식과 경험 지위나 명성 등을 통해 먹고 산다.

개미형 인간은 일평생 일에 묻혀 산다. 부지런히 먹을 것을 수집하면서 자신의 가족이나 기업 등을 유지하기에 급급하다.

나비형 인간은 한곳에 머물지 않고 쉬지 않고 옮겨 다니면서 행복과 사랑과 생명을 전파한다. 보통 성충인 나비의 수명은 20일 정도라고 한다. 나비가 되기 위해서는 알-유충-번데기-성충이 되는 아픔을 견뎌야 한다.

대부분의 사람은 세상에 부대끼기 싫어하고 혹은 의지 부족으로 나비가 되기를 거부한 채 애벌레로 남는다. 인생은 선택의 길이다.

철학자 키에르케고르의 말이 폐부를 찌른다.

"생각하는 대로 살아가지 못하면 사는 대로 생각하게 된다."

'아모르 파티(Amor Fati)'. 이 말은 독일의 염세 철학자

니체의 말로, '네 운명을 사랑하라'는 말이다. 삶이 만족스럽지 않고 힘들어도 자신의 운명을 받아들이라는 격언이다. 니체는 운명을 개척하기 위해 '위버멘쉬(초인)'가 되라고 한다. 자신을 극복하고 나 자신의 진정한 주인이 되라는 것이다.

오늘날 니체의 말처럼 주인이 되는 것은 돈의 주인이 되라는 말과 같다. 돈의 주인이란 돈이 있으나 없으나 상관치 않고 자기 삶을 사랑하고 즐기는 사람이다. 돈의 노예가 된 사람은 돈을 숭배한다. 심지어는 해서는 안 될 불법과 비리를 서슴지 않고 저지른다. 돈을 위해 사는 사람이 많다. 돈은 편의를 위해 만든 도구다.

돈의 주인이 되어 돈을 극복할 수 있을까? 돈을 극복한다는 건, 돈이 있으나 없으나 자기 삶을 긍정하며 살아가는 것이다. 돈이 없다고 살기 힘들고 돈이 있어도 살기 좋은 건 아니다. 돈에 연연하지 않았으면 한다.

음악가 바그너 자신이 직접 쓰고 작곡한 오페라 '니벨룽의 반지'에 등장하는 황금 보물 중 가장 귀한 것은 반지라고 말한다. 그 반지를 차지하는 사람만이 세상의 부와 권력을 잡는다. 라인 지방의 한 처녀가 난쟁이 알베리흐에게 "황금이 바로 권력이다"라고 절규한다. 돈이 권력이고 세상의 법칙이 된 것은 예나 지금이나 마찬가지다.

돈이란 좋은 것이다. 지갑에 5만 원권 지폐가 두둑하면 길을 걸어가도 뿌듯하지만, 지갑에 달랑 천 원짜리 한 장만 있으면 무언가 허전하고 마음이 편치 않다. 친구들을 만나도 돈이 있으면 생색낼 수 있지만 없으면 눈치를 봐야 한다. 돈 때문에 직장을 옮기고 돈 때문에 인생의 방향을 바꾸고, 돈 때문에 연인이나 부부간의 사랑이 끝나기도 한다. 돈은 이기심과 몰인정의 정서를 그대로 표출한다. 돈이 삶의 중심이 되어 행동이나 가치관 모든 것을 지휘 감독하는 꼴이다.

어느 날 예전 회사 후배들을 만났다. 그 둘은 이직 고민을 털어놓았다. A는 현 직장보다 연봉 몇백만 원을 더 주겠다는 제의를 받아 솔깃했다. 직장인 70%가 연봉에 불만이 있듯이 직장에 대한 불만을 말하면서 이직을 결정했다. 그러다 한참 지난 후에 후회했다. 달라진 환경에 적응하기가 어려웠기 때문이다.

B에게도 스카우트 요청이 왔다. 당장은 연봉이 낮아지

지만 1년 후에 진급이 보장된다고 했다. 게다가 이전부터 자신이 하고 싶던 일이라고 했다. 그는 하고 싶었던 일을 통해 결국 이직한 회사의 사장까지 올라갔다.

클린턴 정부 시절 노동부 장관을 역임한 로버트 라이시는 가족과 함께 시간을 보내기 위해 장관직을 내려놓았다. 15시간씩 일에 매달리는 동안 가족과 함께하는 기쁨이 사라진 것을 알았기에 과감한 선택을 한 것이다.

직업을 갖고 회사를 다닌다는 것은 단순히 경제 행위이기 이전에 또 하나의 자기 성취의 기회를 갖는다는 의미이기도 하다. 만일 그것이 자신의 정서적 정신적 욕구를 충족시켜주지 못하고 단지 돈을 버는 행위로만 그친다면 언젠가 '직업으로부터의 소외'를 겪게 된다. 자기가 하는 일에 재미와 보람을 느끼지 못한다면 아무리 연봉이 많은들 무슨 소용이 있겠는가?

자기가 정말로 잘할 수 있고 재미와 보람을 느낄 수 있는 직장이라면 머지않은 시간에 명예와 돈도 절로 따라올 것이다.

21세기는 전문가의 시대다. 일에서 성취감을 얻지 못

하거나 보람을 느끼지 못한 채 당장의 연봉에 만족해 그 자리에 있으면 결국 조직의 부속품에 불과하다. 조직 속에서 묻어가는 게 아니라, 용기와 전문 능력으로 조직을 이끌어가야 한다.

돈에서 얻는 잠깐의 만족 때문에 인생이라는 긴 승부를 빨리 결정지을 수는 없다. 보람을 찾는 일터와 직업을 갖는 것이 돈보다 우선이다. 그러면 결국 돈도 자신을 따라오게 되지 않을까?

행복을 느끼는 순간

"돈벼락 한번 맞고 싶다."

"돈에 파묻혀 죽어도 좋다."

"돈만 많으면 행복해질 수 있다."

경쟁 사회와 집단 문화가 강한 한국이라 사람들도 돈에 대한 집착이 크다. 행복도 자신의 만족에서 찾기보다는 남과의 비교에서 찾는 경향이 많다. 철학자마다 인간이 행복해질 수 있는 비법들을 제시한다. 그중 하나는 결핍이 채워졌을 때 행복감을 느낀다고 한다.

사람들은 돈을 많이 벌 때, 갖고 싶은 옷이나 자동차를 구매할 때, 들어가고 싶은 직장에 입사할 때, 이상형과 결혼할 때 행복을 느낀다. 행복은 남보다 더 가져야 하고 더 바쁘게 살고 더 출세해야 얻어지는 것이 아니다. 특정 집단에 들어간다고 해서 행복을 보장받는 것도 아니다. 무언가에 쫓기거나 남과 비교하는 한 행복 찾기란 불가능하다. 그런 행복감이 그리 오랫동안 지속하지 못하고 다시 또 다른 결핍을 느끼기 마련이다. 그렇다면 나는 언제 행복감을 느끼는가?

첫째, '성취 / 욕망 = 행복'의 공식이 이뤄졌을 때다.

행복을 키우려면 성취를 늘리거나 욕망을 줄이면 된다. 성취란 일정한 한계가 있지만, 욕망을 한도 끝도 없다. 행복하려면 욕망을 줄이는 게 현실적 대안이다.

둘째, 현재 만족하며, 미래의 기대감을 가졌을 때다.

합리적 이기주의자가 되어야 한다. 보통 이기주의자라고 하면 집단의 화합과 전진을 배반하는 사람으로 인식하지만, 이것은 잘못이다. 인간은 누구나 개인적인 이익을 위해 존재한다.

셋째, 사람들로부터 인정받으려 애쓰지 말라.

흔히 남자는 인정을 원하고, 여자는 안정을 원한다고 얘기한다. 남자는 그동안 '더 많이, 더 높이, 더 빨리'를 추구하면서 인정 욕구가 자리하고 있다.

돈에 집착하는 사람은 스스로 노예가 되는 것

인간은 세상에 존재하는 한 돈에서 자유롭기 어렵다. 새벽부터 밤늦게까지 열심히 일하고 행복을 위해서 돈 벌기를 지속한다. 그 결과 더 많은 물질적 풍요와 경제적 자유를 얻었지만, 과연 더 행복해졌을까? 아이러니하게도 빈곤 국가에 비해 우리의 행복지수가 더 낮다.

물질과 행복은 정비례하지 않는다. 복권에 당첨된 사람들이 이전보다 더 불행하게 되며 상속으로 인해 가족 간의 분쟁이 생기는 것이다. 돈이 없는 사람들은 '돈 있는 사람은 행복하겠다'라고 생각하지만, 꼭 그렇지만은 않다. 일정한 규모의 돈이 있다면 추가적인 돈이 행복으로 이어지지 않는다.

행복은 물질적인 소유의 크기가 아닌 인생관, 심리, 감정, 건강 등과 관련이 있다. 자신이 얼마나 행복한가를 스스로 측정하는 지수로 영국의 심리학자 로스웰과 인생 상담사 코언은 2002년 다음과 같은 행복 방정식을 도출했다.

$$행복 = P + (5 \times E) + (3 \times H)$$

P(개인 특성): 인생관, 적응력, 유연성
E(생존 조건): 건강, 돈, 안전, 자유, 인간관계
H(고차원 조건): 야망, 직업 만족도, 자존심

그들은 행복은 인생관·적응력·유연성 등 개인적 특성을 나타내는 P(personal), 건강·돈·인간관계 등 생존 조건을 가리키는 E(existence), 야망·자존심·기대·유머 등 고차원 상태를 의미하는 H(higher order) 등 3가지 요소에 의해 결정된다고 주장했다. 생존 조건인 E가 개인적 특성인 P보다 5배 더 중요하고, 고차원 상태인 H는 P보다 3배 더 중요한 것으로 판단한다.

인생의 마지막에서 '나'를 돌아보기

중국 한룽 그룹의 류한 회장은 재산 7조 원대의 재벌

로 한때 중국 부호 148위까지 올랐다. 그런 그는 사업상 이해관계에 있는 사람들 8명을 살해한 고의살인 및 조직폭력 등의 혐의로 사형을 선고받았고, 2015년에 사형이 집행됐다. 사형 집행관이 집행을 위해 그의 어깨를 잡자 그는 오열했다. 사형 직전 가족들의 면회에서 눈물을 쏟았다고 한다.

"다시 한 번 인생을 살 수 있다면, 노점이나 작은 가게를 차리고 가족들을 돌보고 싶다. 내 야망이 너무 컸다."

사람들은 삶에서 소중한 것을 잃고 나서야 깨닫는다. 건강이 무엇보다 소중한 것을 건강을 잃고 나서야 깨닫듯이.

우리 속담에 "묘 안에 누워서 하늘을 쳐다본 사람이 오래 산다"라는 속담이 있다. 죽음을 두려워하면 제대로 산 것이 아니다. 생애 전체를 바라보면서 살아가는 것은 그냥 현재만을 바라보면서 하루하루 살아가는 것과는 근본적으로 다르다. 죽음의 문턱에 갔던 사람 중에는 자신의 삶을 열정적이고 충만하게 사는 사람들이 많다. 오늘은 남아 있는 인생의 첫날로 평범해 보이는 하루가 모여 위대한 생을 이룬다. 우리의 인생은 한 번밖에 없고 연습

하거나 반복할 수도 없는 일회성의 시간이다. 하루하루 주어진 일에 최선을 다하고 오감으로 느껴지는 모든 것들로부터 행복을 느끼며 살아갔으면 한다.

다음 행복한 부자의 11가지 조건을 명심하라.

행복한 부자의 11가지 조건

① 인생관: 낙천주의와 이상주의자가 행복하다.

② 적응력: 일정한 조건이나 환경에 적응 시 행복하다.

③ 유연성: 연하고 부드러운 사회적 동물이 기쁨이다.

④ 건강: 건강을 잃으면 모든 것을 잃게 된다.

⑤ 돈: 정당한 노동의 대가로 이루어져야 한다.

⑥ 안전: 편안하고 위험이 없는 상태여야 한다.

⑦ 자유: 남에게 얽매이거나 속박을 받지 않은 상태여야 한다.

⑧ 인간관계: 바람직한 인간관계가 이루어져야 한다.

⑨ 야망: 자신의 분수에 맞는 생활을 누려야 한다.

⑩ 직업 만족도: 직업에 귀천이 없으므로 자신의 만족이 중요하다.

⑪ 자존심: 내 영혼과 육신의 존엄성을 존중해야 한다.

03
행복한 부자

당신의 인생 목적은?

매일 삶에 치여 자신을 돌아보지 못하는 사람이 많다. 그러나 우리는 인생의 목적이 분명해야 한다. 삶의 의미와 목적을 상실하면 인생이 방향성을 잃은 채 혼돈과 무질서하고, 삶이 허무하며 재미없게 느껴진다. 분명한 목적이 있을 때 필요한 것에 집중하고 성취감을 느끼게 된다. 바람개비는 가만히 있을 때 움직이지 않는다. 앞으로 나가야 한다. 인생의 목적은 사람마다 제각기 다르다. 어떤 사람은 비워가는 것이라 하고, 어떤 사람은 채워가는 것이라 한다.

그러나 대부분 사람에게 삶의 궁극적 목적은 행복이다. 아리스토텔레스도 인생의 궁극적 목적은 '행복 추구'라고 말했다. 행복은 궁극적 목적이며 최고선이다. 행복은 일시적 쾌락이나 충동이 아니라 우리 삶 전체를 관통하는 어떤 원리라는 것이다. 그렇다. 우리의 존재 목적이 행복임을 선험적으로 알고 있다. 따라서 우리는 행복을 추구할 권리와 이유가 분명하다.

행복은 창조하는 것이 아니라 발견하는 것이다. 행복을 누리기 위해 만족스러운 환경이 필요한 게 아니라, 새로운 눈이 필요하다. 우리는 행복해지겠다고 마음먹는 만큼 행복해진다. 행복은 기술에 불과하여 바이올린 연주나 자전거 타기처럼 배우고 익힐 수 있다.

스무 살의 얼굴은 자연의 선물이지만, 쉰 살의 얼굴은 행복의 산물이다. 공부가 인생을 지배한다. 돈보다 권력보다 더 소중한 것이 행복이다. 돈과 권력을 잃고 나서야 깨닫지 말고 행복의 과정을 차근차근 밟아나가야 한다. 아우렐리우스의 기도를 통해 이치와 판단력을 깨우쳤으면 한다.

"신이시여, 제게 바꿀 수 있는 것을 바꾸는 힘과 그럴 수 없는 것을 받아들이는 용기와 그 두 가지를 구분하는 지혜를 주시옵소서."

다음은 행복을 위한 십계명이다.

행복을 위한 십계명

① 일주일에 3회, 30분이면 운동한다.

② 자주 행복했던 때를 떠올려라. 하루를 마무리할 때마다 당신이 감사해야 할 일을 생각하고 감사의 기도를 드린다.

③ 가까이 있는 사람과 대화를 즐긴다. 오해의 소지는 말을 하지 않기 때문에 생긴다.

④ 자동차를 멀리하고, 걸어서 출·퇴근한다.

⑤ 텔레비전 시청 시간을 반으로 줄인다.

⑥ 미소를 지어라. 낯선 사람에게도 미소를 짓거나 인사한다.

⑦ 매일 한 꼭지 이상 글을 쓴다.

⑧ 하루에 한 번 유쾌하게 웃는다.

⑨ 매일 책을 읽는다.

⑩ 나에게 응원의 메시지를 던지고 누군가에게 친절을 베푼다.

행복한 부자

삶이란 참 기묘하여 이해하지 못할 때가 많다. 부자가

목표인 사람은 행복하기 어렵다. 행복은 돈 자체가 아닌 스스로 만족하는 과정에서 잉태한다. 행복한 부자는 돈을 알고, 지혜롭게 생각하고, 부지런히 일하면서 각자의 소명을 펼친다. 돈에 관한 분명한 가치와 부의 열정과 의지를 실천한다. 자신이 좋아하고 잘할 수 있는 일을 한다. 자기 일이 즐거우면 천국이지만, 일이 재미없으면 인생이 지옥이다.

돈을 벌기 전에 무엇에 돈이 필요한지를 안다. 돈은 어떤 목적을 이루기 위한 수단일 뿐, 절대 그 자체가 목적일 수 없다.

돈은 경쟁력이며 추진력이다. 돈은 선을 악으로, 악을 선으로도 만든다. 돈은 수명도 늘리고 우정과 로맨스도 결정한다. 돈이 말하면 진실이 침묵하기도 한다. 부자들에게는 코미디, 가난한 이들에겐 비극이다. 가난한 자들은 돈을 위해 일하지만, 부자는 돈이 그들을 위해 일하게 만든다. 돈은 탐욕이다. 많이 보유할수록 욕심은 더 커져 원하는 물건을 더 많아진다.

돈은 의존성이 강하다. 도박자, 경제사범들은 돈의 유혹을 이기지 못해 죄악에 빠진다. 경제적인 어려움을 겪는 사람들은 자기가 아닌 다른 사람을 위해 일하는 돈의 의존성에 파묻힌 것이다.

행복한 부자가 되기 위한 방법 몇 가지를 제안한다.

첫째, 겉만 화려한 것보다 마음속의 아름다움과 조화를 이뤄야 한다. 마음 관리, 돈 관리, 교양 쌓기의 균형이 요구된다.

둘째, 타인에게 의지하지 말라. 내 운명은 내 힘으로 움직여야 한다. 목적지가 없는 배에게는 바람이 불지 않는다.

셋째, 스스로 힘으로 난관을 극복하고, 남을 배려하고 이해하는 습관을 가진다.

넷째, 웃는 얼굴로 인생을 맞이하라. 근심 걱정을 버려라. 탐욕을 버리면 자유가 보인다.

다섯째, 상상만 하지 말고 행동으로 옮겨라. 자신의 능력을 의심하지 말고, 위를 보지 말고 아래를 보며 살아라.

여섯째, 투자의 관점을 바꿔야 한다. 돈에 대한 나쁜 선입관을 깨뜨리고 창의성을 발휘한다.

일곱째, 공부 열심히 해서 좋은 직장을 구하고 부자가

되겠다는 생각을 버려라. 위험을 피하고 안정적으로만 살 겠다는 고정관념은 위험하다.

돈이 삶의 궁극적 목적이 될 수 없다. 돈만을 좋아하는 것은 모든 악의 근원이다. 사람들이 가난한 이유는 돈이 없어서가 아니다. 돈을 금기시하는 문화와 금융 공부를 하지 않았기 때문이다. 부자가 되기 위해서는 정규 교육이 아닌 금융 IQ를 터득해야 한다.

행복한 부자의 속성을 깨닫고 시대 흐름을 읽자. 가끔 다가오는 두려움조차 도약의 발판이 되었으면 한다. 돈보다 훨씬 더 소중한 것이 생명이다. 세상에 태어난 자체가 축복이며 행복이다. 한번 태어나 사는 동안 멋있고 품격 있게 살았으면 한다. 소중하고 행복한 삶도 그냥 얻어지는 것이 아니다.

경제 교육은 그리 거창한 게 아니다. 생활 속에서 경제관념을 깨우치
고 부자 마인드를 심어주는 것이다. 아이들에게 경제관념을 심어주려
면 어떻게 해야 할까? 중요한 것은 아이를 책임감과 자존감 높은 인간
으로 만드는 것이다.

제 4 부

부자가 되기 위한
준비

01
돈 버는 지식을 공부하라

"나만 빼고 다들 돈 버네!"

여기저기서 한숨 쉬는 소리가 들린다. 부동산, 주식 광풍으로 가만히 있으면 손해라는 절박한 심정이 들어, 늦었지만 빚내서 투자했는데 오히려 손실이 났다. 지금 장세가 과열이라는 뉴스에 더 불안해지고 분통을 느낀다. 충동적으로 매수를 해버린다. 그리고 나서 막차를 탄 건 아닌가 하는 생각에 괜히 충동적으로 매매했다는 후회가 밀려온다.

전 세계 국가의 양적 완화 조치로 부동산, 주식, 금, 비트코인 등이 폭등하니 자세히 알아보지도 않고 일단 저지르는 사람이 늘고 있다.

실물경기가 회복되지 않은 상승장은 얼마나 지속될까? 사실 이런 예측은 무의미하다. 돈을 공부하지 않고 자산 시장에 뛰어드는 일은 무모하다. 이것은 마치 기초 체력 없이 마라톤을 하겠다는 것과 다를 바 없다. 지금은 어느 때보다도 현명한 자산관리가 중요한 시점이다.

경제 교육은 오늘부터

부모라면 누구나 자녀가 행복하고 건강하기를 바란다. 그리고 자녀가 좋아하는 일을 하며 성공하기를 바란다. 하지만 부모들은 피아노 강습, 운동, 학교 공부 등 인격 양성 활동에는 참여하라고 권하면서, 경제적 성공을 거두는 데 필요한 방법을 가르치는 일에는 소홀히 하고 있다. 이런 맹점에서 벗어나고 아이 스스로 어릴 적부터 경제 지식을 쌓아야 한다.

자녀의 경제 교육은 돈을 벌기 위함이 아니다. 아이를 책임감 있는 인간으로 만드는 필수 과정이다. 자녀의 고유한 잠재력은 무엇이며, 자녀가 가지고 있는 기업가적 능력을 양성하려면 어떻게 해야 하는지, 그리고 자녀의 경제·경영 교육에 관해 다양하고 구체적인 지식을 전해준다.

우리 사회에서 이런 고정관념이 통념이던 시기가 있었다.

"대학 교육이 성공으로 이끄는 열쇠다."

"좋은 회사에 취직하면 미래의 성공이 보장받을 것이다."

"어릴 때는 돈에 관해 알 필요가 없다."

하지만 그때는 맞지만 지금은 틀리다. 이젠 아이의 성공을 방해하는 잘못된 통념이다. 행복한 자녀로 키우기 위한 교육을 제시해야 한다. 그러려면 몇 가지 사항을 지켜야 한다.

첫째, 어릴 적부터 돈에 대한 개념과 올바른 돈의 사용법을 배워야 한다.

워런 버핏의 아버지는 아들에게 용돈을 스스로 벌어서 쓰게 하였기 때문에 워런 버핏은 여섯 살에 6병들이 콜라 한 상자를 25센트에 사서, 한 병에 5센트에 팔아 상자마다 5센트의 이윤을 남길 수 있었다. 10대 중반에 버핏은 이미 당시 사회 초년생이 버는 정도의 돈을 벌 수 있었다.

이 모두가 아버지로부터 받은 경제 교육의 영향이었다.

둘째, 비즈니스 마인드를 높여줘야 한다.

조기 교육에 매달리는 교육 열정을 미래의 성공한 CEO를 만들기 위해 경제관념을 높인다. 또한 어릴 때부터 돈에 관심이 많았던 빌 게이츠는 17세 때 첫 회사인 'Traf-O-Data'를 세웠다. 그리고 마이크로소프트를 세웠을 때는 그가 19세 때였다. 그가 PC 산업에 뛰어든 것도 그 분야가 수익률이 가장 높을 것으로 예상했기 때문이라고 한다.

스티브 잡스는 어린 시절 스테레오 라디오를 사서 헤드폰 잭을 연결해 상당한 마진을 붙여 되팔았다고 한다. 기술로 경제적 이익을 얻는 경험을 어린 시절부터 했던 셈이다.

세계 최고 가구 회사 이케아의 설립자인 잉바르 캄프라드는 어렸을 때부터 강에서 잡은 물고기나 연필, 서류가방, 엽서 등을 팔았다고 한다.

셋째, 아이들 눈높이에 맞추는 실질적인 교육이 필요하다. 아이의 재능과 관심사를 파악하고 그에 맞게 아이가 할 수 있을 만한 사업을 할 수 있도록 도와준다. 아이가 스스로 분명한 목표를 정하고 그 목표를 위해 매진하는 등 생각하면 바로 행동으로 실천할 수 있는 힘은 어린 시절 경제 교육에서 나온다.

대부분 사람이 생각하는 것처럼 좋은 대학을 나와 대기업에 취직하는 것이 아니라, 번창할 사업을 일으킬 수 있는 고유한 소질을 개발해야 한다. 4차 산업혁명 시대에 일자리의 40%는 사라질 것으로 예상된다. 아이들이 앞으로의 세계에서 생존하고 행복하기 위해서는 경제 교육, 돈 공부가 필수적이다.

미국이나 유럽 등 선진국의 아이들은 어렸을 때부터 경제와 돈에 관하여 교육받는다. 경제적인 자립은 모든 것의 자립을 의미하고, 돈을 잘 벌고 잘 쓴다는 것은 어른 세계에서는 부러움의 상징이 아닌가?

세상을 이기고 싶다고?

코로나19는 기존 생각의 프레임을 바꿨다. 선진국 환상이라 여겼던 미국과 유럽, 일본 등이 코로나에 직면해

속절없이 무너졌다. 미숙한 의료체계로 인간의 나약함을 그대로 드러낸 것이다. 21세기 팬데믹에서도 필요한 과거의 지혜는 바로 상대의 입장에서 생각하는 '역지사지(易地思之)'와 남에게는 관대하고 자신에게 엄하라는 '관인엄기(寬人嚴己)'일 것이다.

프레임은 창문이나 액자의 틀을 의미한다. 심리학에서 말하는 프레임은 사물을 바라보는 마음의 창, 세상을 판단하는 인식의 틀이다. 문제를 바라보는 관점, 세상을 향한 마인드셋의 은유적인 표현이다. 편견이나 아집, 일방적 독선도 프레임의 범주에 속한다. 프레임은 주관적이고 제한적 정보일 가능성이 농후하다. 한번 머리에 물들면 고정관념에서 빠져나가기 어렵다. 따라서 프레임은 자신의 내면을 비추는 거울 역할을 한다. 세상을 바르게 볼 수 있는 조력자인 동시에 경험한 세계에 갇히게 하는 통제자도 된다.

쉬운 예로 '반 잔의 물'에 빗대어 볼 때, 긍정적인 사람은 '아직도 물이 반이나 남았구나'라고 말한다. 반면 부정적인 사람은 '물이 반밖에 안 남았구나'라고 생각한다. 누군가 "코끼리는 생각하지 마"라고 말하면, 오히려 더 코끼리를 생각하게 된다. 단어를 들으면 뇌 안에서 그 단어와 관련된 프레임이 활성화되고, 그 프레임을 부정하면 할수록 더 활성화되기 때문이다.

조선을 건국한 이성계는 숭유억불 정책을 국시로 삼아 불교계와 사이가 좋지 않았다. 이성계는 농담 반 진담 반으로 무학대사에게 말을 건넸다.

"오늘 보니 대사님은 꼭 돼지처럼 보이십니다."

이 말을 들은 무학대사가 빙그레 웃고는 반응을 보이지 않자, 이성계는 재차 물었다.

"대사는 내가 어떻게 보입니까?"

그러자 무학대사는 이렇게 답했다.

"부처님같이 보이십니다."

이성계는 의아해서 물었다.

"나는 대사를 돼지처럼 보인다고 했는데, 대사는 어째서 나를 부처 같다고 하는가?"

이에 무학대사는 이렇게 대답했다.

"돼지 눈에는 돼지가 보이고, 부처 눈에는 부처가 보입니다."

무학대사의 말은 사람은 자기가 생각하는 만큼 보인다는 말과 일맥상통한다. 어떤 눈으로 바라볼 것인가는 자신의 선택에 달려 있다.

사람의 행동은 생각과는 다르게 반응하기도 한다. 그 예를 살펴보자.

어떤 신자가 물었다.

"신부님, 기도 중에 담배를 피워도 되나요?"

신부는 정색하면서 대답했다.

"기도는 신과 나누는 엄숙한 대화인데, 절대 그럴 순 없지요."

"그러면 신부님, 담배 피우는 중에 기도하면 안 되나요?"

신부는 얼굴에 온화한 미소를 지으며 말했다.

"기도는 때와 장소를 가리지 않습니다. 담배를 피우는 중에도 기도는 얼마든지 할 수 있습니다."

프레임 이론

프레임은 추구하는 목적, 행동 방식, 결과를 결정하며 점화 효과와 일치한다. 점화 효과란 선행자극이 후행자극에 효과가 있다는 이론이다. 예를 들면 유명 배우가 화장품 광고를 하면 그 화장품에 대한 호감도가 높아져 구매로 이어질 수 있다. 일단 첫인상이 나쁘면 이것을 불식하기는 어렵다.

모 호텔에서 객실 청소부들을 두 부류로 나눠 이들의 건강 상태를 조사했다. A 그룹은 청소하는 것이 헬스장에서 운동하는 것과 마찬가지라고 이야기했다. 게다고 돈도 주니 얼마나 의미 있는 일인가? 라는 정신 교육을 했다. 반면 B 그룹은 아무런 말도 하지 않았다.

1년이 지난 후에 두 그룹의 건강 상태와 퇴직 비율을 보니 A 그룹이 B 그룹보다 훨씬 건강해졌고 이직률이 낮았다.

소크라테스가 '너 자신을 알라'라고 했듯, 사람은 자기 자신을 잘 모른다. 타인이 자신의 행동을 규정하는 것에는 민감하지만, 자신이 타인의 행동에 미치는 영향에 대해서는 오히려 둔감하다.

직장 상사일수록 '원래 저 친구는 저래'라는 생각의 함정에 빠져 부하들의 진면목을 알려고 하지 않는다. 서로를 온전히 이해하고 공감하기보단 서로의 옳고 그름 및 우열을 고집하고 다투는 것이 인간의 프레임이다.

공자가 말하는 극기복례(克己復禮), 즉 "나를 이기고 예로 돌아가라"는 말씀과 함께 군자불기(君子不器), 즉 "군자는 그 어떤 그릇(틀, 프레임)도 고집함이 없어야 한다"는 말씀이 강한 울림으로 다가온다. 고정관념에서 벗어나, 자유롭고 지혜로운 영혼으로 거듭나도록 노력해야 할 것이다.

자신의 한계를 깨닫는 겸손, 자기중심적 사고를 깨는 용기, 과거에 대한 오해와 미래에 대한 무지를 인정하는 프레임이야말로 인생의 예술이자 지혜다.

연령별 경제 교육

최근 국민적 공분을 샀던 정인이 사건 등 잇따른 아동 학대 사건의 가해자는 부모였다.

문제 있는 아이는 없어도 문제 있는 부모는 있다고 한다. 자식은 부모의 거울이다. 당연히 자녀의 인성은 부모의 영향을 받는다.

아이들에겐 부모가 보여주고 직접 가르친 것이 오래

남기에 솔선수범해야 한다. 말만 하고 실천하지 않는 부모는 자식의 정원을 잡초로 가득 차게 하는 것과 같다. 부모는 행복의 원천이며 가정은 최적의 교육 장소인 셈이다. 자녀가 돈에 발목 잡히는 인생으로 살든지, 아니면 돈으로부터의 자유로운 삶을 사는 것은 부모의 자녀 경제 교육에 달려 있다. 대부분 문제는 돈과 연관되어 있고, 돈 관리 여부에 따라 판가름 나기 때문이다.

대부분 부모는 자녀가 용돈벌이를 위해 아르바이트를 하겠다고 하면 "어릴 때부터 돈타령이니?", "누가 너한테 돈 벌어오라고 했어? 그 시간에 공부나 열심히 해!"라고 말한다. 이는 아이의 미래를 망치며, 경제관념의 중요성을 모르고 하는 말로, 아이의 미래를 망칠 수도 있다. 경제 교육은 그리 거창한 게 아니다. 생활 속에서 경제관념을 깨우치고 부자 마인드를 심어주는 것이다. 아이들에게 경제관념을 심어주려면 어떻게 해야 할까?

아래는 연령별 효과적인 경제 교육에 대해 설명한 것이다. 참고해서 잘 읽어 보자.

연령	가능
3세	① 간단한 심부름 가능. ② 어느 정도 의사소통이 가능하기에 저금통을 만들어 주고, 돈을 스스로 저금통에 넣어 저축하는 모습을 보여 준다.
만 4~5세	뇌가 급격히 커지고 판단 능력이 생겨 경제 교육의 적기.
만 7~8세:	① 나이는 저축과 투자가 무엇인지 이해하고 돈의 개념을 어느 정도 아는 나이. ② 용돈을 모아 갖고 싶었던 물건을 사는 경제 활동 가능.
13~14세	① 계좌를 개설하고 주식을 골라 거래할 수 있을 정도로 경제관념을 깨칠 수 있음. ② 합리적인 용돈 사용법을 가르치기에 좋음.

많은 학자는 유아기가 판단력을 기르고 습관을 형성하기 좋은 나이라고 말한다. 유대인은 걸음마를 하기 전부터 저축하는 습관을 가르쳐, 어릴 때부터 저축 습관과 기부 습관을 기르게 한다. 특히 남자는 만 13세, 여자는 만 12세 성인식에서 친척들에게 받은 축하금을 종잣돈으로 만들어 스스로 관리하게 해 돈 관리법과 투자법을 일찍부터 익히게 한다.

전 세계 인구 중 부자가 제일 많은 유대인은 어린 시절부터 하브루타, 성년식 등의 경제 교육을 통해 돈의 중요성을 깨닫게 한다. 이는 돈을 벌기 위함이 아니라 아이를 책임감과 자존감 높은 인간으로 만들기 위함이다.

부자가 되는 방법은 다양하고 무엇이 옳다고 주장할 수도 없다. 하지만 자녀를 부자로 만드는 좋은 방법은 경제와 사회에 관심을 가지고, 돈 공부를 일찍부터 시켜야 한다. 다음은 부모가 자녀에게 경제관념을 심어줄 수 있는 방법이다.

첫째, 돈을 많이 모으는 방법을 가르친다.

자녀가 무슨 돈을 벌 수 있느냐고 의아해할 수 있지만, 찾아보면 다양하다. 집안일 중에서 설거지, 구두 닦기, 화장실 청소 등이나 벼룩시장 판매, 세차, 장학금 등이다.

둘째, 돈 절약하는 습관과 돈 잘 쓰는 방법을 가르친다.

고집부리고 떼를 쓴다고 장난감을 사주는 것은 옳지 않다.

셋째, 돈을 제대로 관리한다.

아이들 이름으로 통장을 만들어 주고, 돈이 불어나는

모습을 보며, 책임감을 느낀다. 일정 금액을 모으면 정기적으로 주식 투자와 펀드를 산다. 또 불우이웃 돕기에 참여해 돈의 품격을 실천하게 한다.

부모는 자녀에게 돈을 가르치는 데 소홀하지 않아야 한다. 경제관념이 생긴 자녀는 합리적인 판단력과 실행력을 갖춘 인재가 될 수 있다. 자녀가 행복하기를 바란다면 부모가 반드시 경제 교육을 해야 한다.

돈보다 중요한 돈 버는 법

외국 사례로 배우는 경제 공부 방법

외국에선 아이들에게 경제 공부를 어떻게 가르칠까? 미국에서는 영화나 소설에서 자주 볼 수 있는데, 초등학교 저학년 아이들이 용돈을 마련하기 위해 직접 레모네이드 주스를 만들어 파는 것을 '레모네이드 스탠드'라고 한다. 독일에서는 아이가 4세 때부터 용돈을 주고 돈의 가치를 가르치고, 13세부터는 아르바이트를 통해 용돈을 벌어 자립하게 한다.

뉴질랜드에서는 자녀에게 돈을 물려주는 것보다 '돈 다루는 습관'을 중시한다. 어렸을 때부터 벼룩시장, 강아지 산책하기, 잔디 깎기 등의 집안일을 통해 용돈을 모은다. 영국은 정부가 직접 나서서 경제 교육을 공교육 차원으로 끌어올렸다.

아이들에게 돈에 대해 잘 가르치는 것은 매우 가치 있는 공부다. 어릴 때부터 일의 의미, 투자 비용과 소득, 돈 관리 등에 대해 알려주는 것은 성적 시험만큼이나 중요한 공부다. 이 공부는 아이들의 올바른 직업 선택과 자본주의 사회에서 행복을 누리기 위한 충분조건이다. 돈 관리를 제대로 할 때 자신의 인생을 책임지는 성인이 될 수 있다.

다음은 자녀 경제 교육 시 명심해야 할 십계명이다.

첫째, 부모가 솔선수범하는 모습을 보여줘라.

모든 교육이 그렇듯이 모범을 통한 교육의 효과가 가장 확실하다. 부모님이 돈 관리를 잘하면 자녀는 그대로 보고 배운다.

둘째, 경제 교육을 자녀와의 대화 소재로 활용하라.

가정이 행복하려면 가족 간에 대화가 많아야 한다. 명령보다는 협상을, 질책보다는 격려하고, 상호 존중하는 태도가 필요하다.

셋째, 자녀가 고집부리더라도 끝까지 설명하고 설득하라.

자녀가 고집부릴 때 절대 밀리면 안 된다. 화내거나 비난해서도 안 된다. 자녀가 고집부리는 이유를 묻고 그 마음을 읽어준 후, 설명하고 설득하는 인내심이 필요하다.

넷째, 게임 중독을 예방하라.

자녀가 욕망이 생길 때마다 충족시키면 욕망 조절의 힘을 잃게 된다. 만족 지연 훈련을 통해 욕망을 조절하는 힘을 기른다.

다섯째, 용돈은 적당하게 주고, 간단한 집안일을 시켜라.

너무 풍족하면 돈 귀한 줄 모르고 너무 적으면 돈 다루는 법을 배울 수 없다. 간단한 집안일을 하며 조금 부족한 돈을 충족시킬 수 있을 정도까지 일한다.

여섯째, 자녀가 꼭 해야 하는 일에는 대가를 주지 말라.

자녀로서 당연히 해야 할 일에 보상을 주면 안 된다. 부모님 심부름, 공부에 대한 대가로 용돈을 주기보다는 칭찬을 듬뿍 해준다.

일곱째, 용돈 기입장을 쓰게 하지만 감시용으로 사용하면 안 된다.

용돈은 자녀가 시행착오를 거쳐 배우는 인생의 수업료다. 용돈 기입장을 혼자 쓰고, 돈의 흐름을 알게 하며 대화의 도구로만 사용한다.

여덟째, 목표 관리를 통한 자기주도 학습 습관을 길러 줘라.

목표에 달성하는 성취감을 맛보게 해준다. 스스로 필요성을 느끼고 목표를 세워 몰입과 즐거움으로 공부하도록 하라.

아홉째, 습관이 들 때까지 일관성 있게 꾸준히 시행하라.

자녀의 인생을 바꾸는 것은 지식이 아니라 태도와 습

관이다. 쉽게 포기하지 말고 습관이 들 때까지 일관성 있게 꾸준히 시행한다.

열째, 기부를 통해 남을 아끼고 배려하는 마음을 길러 줘라.

크게 성공한 분들 뒤에는 많은 분의 도움이 있었다는 것을 깨닫게 해야 한다. 기부를 통해서 남을 아끼고 배려하는 마음을 어려서부터 길러준다.

자본주의 4.0

자본주의란 16세기 영국에서 시작된 봉건주의에서 벗어나 자본가를 육성하는 경제·사회 체계이다. 자본주의의 핵심은 사유재산제가 바탕이다. 경쟁을 통한 이윤 획득과 자유롭게 상품의 생산과 소비가 이루어진다.

돈이 없는 삶은 상상할 수 없고 실제로 돈이 없으면 할 수 있는 일이 없다. 일부 젊은이들은 우리 사회를 '헬조선'이라고 일컫는다. 이 말은 소득 양극화, 청년 실업, 저출산·고령화 등 사회 문제가 일으킨 패배주의적이고 자학적인 말이다. 오히려 가난한 시절에는 헬조선이란 말이 없었다. 아시아 서남부에 위치한 부탄(Bhutan)이 세계 경제 하위권이어도 우리보다 행복지수는 더 높다는 비아냥거림도 있다. 복지를 늘리기 위해서는 경제 성장, 부정부패 척결, 차별화 금지, 부의 양극화를 줄이는 것이 당면 문제이다. 그렇다고 무에서 경제적 기적을 일으킨 기성세대를 무시해서는 아무것도 이룰 수 없다.

자본주의 1.0은 애덤 스미스의 《국부론》에 나오는 '보이지 않는 손'이 지배하는 고전 자본주의의 등장이다. 상품이 나올 때 시장이 만들어주는 가격으로만 결정된다.

자본주의 2.0은 시장 가격에만 의존한 자본주의가 대공황으로 인해 주춤해지자, 이때 존 메이너드 케인즈가 나타나 분배를 시장에게만 맡기지 말고 정부가 개입하는 수정 자본주의를 내세웠다.

자본주의 3.0은 정부 개입이 심해지다가 정부가 부패하고, 기업의 투자와 자유로운 경쟁을 방해하는 결과를 낳았다.

자본주의 4.0은 자유 경쟁 원칙의 성장을 도모한다. 정부는 빈곤층의 복지 개선 사업에 치중한다. 우리 사회의 소득의 양극화는 발전 장애 요인이다. 빈익빈 부익부 현상으로 중산층이 양극단으로 이동하게 됨으로써 하위계층으로 전락한 계층이 새로운 빈곤층으로 대두되고 있다. 국가의 경제 지표상 성장하지만 가난한 계층이 증가하여 사회적 빈곤이 문제를 낳는다.

현재 우리나라 빈곤층 비율은 21%로 OECD 평균보다 두 배쯤 높다. 이 비율을 최대한 줄이는 데에 정부가 개입해야 한다는 것이 자본주의 4.0이다.

직업이 사라지다

세상이 급변하면서 제4차 산업혁명은 산업 전 분야에 걸쳐 일자리의 소멸과 새로운 직업의 탄생을 예견한다. 미래에는 기계와 인간이 더 비슷해지고, 정형화된 업무 즉 단순 반복 업무는 기계와 로봇으로 인해 빠르게 대체될 것으로 전망된다.

사무직 노동자에 해당하는 화이트칼라 직군 역시 대체할 것이다. 교수, 강사, 검사, 변호사, 의사 등과 같은 지식노동자들도 자리가 사라질 것이다. 모든 직업의 등장과 소멸은 더욱 가속화될 예정이다. 아디다스의 자동화 공장,

아마존 Echo, IBM의 Watson, Pepper, 아마존도 등 인공지능 기술이 접목된 글로벌 사례들이다.

　　노벨경제학상 수상자인 경제학자 바실리 레온티에프는 "보다 정교한 컴퓨터의 도입으로 인하여 마치 농경 시대에 있어서 말의 역할이 트랙터의 도입으로 감소되고 사라진 것처럼, 가장 중요한 생산 요소로서의 인간의 역할이 감소하게 될 것"이라고 예측했다. 프랑스 미테랑 정부에서 장관을 지낸 자크 아탈리는 "기계가 새로운 프롤레타리아이다. 노동 계급에게는 해고 통지서가 발부되고 있다"고 경고했다. 미국의 사회운동가 제레미 리프킨 또한 《노동의 종말(The End of Work)》에서 이렇게 경고했다.

　　"우리는 지금 세계 시장과 생산 자동화라는 새로운 시대로 진입하고 있다. 거의 노동자 없는 경제로 향한 길이 시야에 들어오고 있다. 그 길이 안전한 천국으로 인도할 것인지 또는 무서운 지옥으로 인도할 것인지 아닌지는 문명화가 제3차 산업혁명의 바퀴를 따라간 후기 시장 시대를 어떻게 준비하느냐에 달려 있다."

부자가 되기 위해 읽어야 할 명저

품격이란 '품성'과 '인격'을 줄인 단어이다. 품격은 정신의 바탕과 타고난 성품을 뜻한다. 진정한 부자는 돈 많이 벌고 부를 유지하는 사람이 아닌 인격적 품위를 솔선수범하는 자다. 책을 많이 읽는다고 품격이 높아지는 것은 아니다. 하지만 부자들 곁엔 책이 있다. 빌 게이츠는 1년에 50여 권을 책을 읽는다. 워런 버핏은 일과 시간의 80%를 독서에 쏟고, 인생을 바꿀 가장 위대한 비책은 독서라고 말한다. 마크 저커버그는 2주에 1권 책 읽기를 목표로 삼았다.

독서는 사람을 성장시키고 시야를 넓혀주며 상황을 정확하게 판단하고 결정하는 통찰력을 키워준다. 빌 게이츠가 말했듯 책을 읽고 배우는 동안에는 뇌가 더 활발해지고 늙지 않는다. 그렇게 뇌는 방대한 지식 창고가 되고 창의성의 보고가 된다.

부자가 되기 위해 반드시 읽어야 할 명저들을 소개한다.

첫 번째 책은 게오르크 지멜《돈의 철학》이다.

게오르크 지멜은 독일의 철학자로 문학·예술에 걸쳐 다양한 분야에 박학하여 예리한 통찰을 보였다. 그는 '생의 철학'을 창시했는데, 인생은 한정된 범주를 넘어 이상과 창조적 형태를 부여받은 존재라고 한다. 따라서 인생이 합리적인 과학의 대상이 될 수 없다고 주장했다.

지멜은 돈의 철학을 처음으로 거론했는데 그 이유에 대해 "인간 정신의 가장 영향력 있는 특성 가운데 하나가 돈에서 강력히 나타나기 때문"이라고 했다. 이에 따라 지멜은 금전욕, 인색, 낭비와 같은 인간 심리 현상을 추적한 결과 심리 현상에 일정한 특징이 없고, 인간은 수단에 불과한 돈을 궁극적인 목적으로 삼는다.

게오르크 지멜은 이 책에서 "노동은 육체가 아닌 영혼의 행위다"라고 했다. 지멜은 인간 사회에서 돈이 왜 목적이 될 수 없는지 요약했다. 돈은 양적인 가치 추구에서 시작하지만 결국 질적인 것으로 전환된다. 쉬운 예로 사람은 돈을 소유하기 전에는 양적인 문제에 집착하지만 일단 돈을 소유한 다음에는 삶의 양식과 문화에 집착한다는 것이다. 지멜은 노동을 기계적인 육체 행위가 아닌 영혼의 행위로 보고, 돈이 천박한 삶의 목적이 되는 것에 반대했다. 그는 돈이 우리 삶의 질을 고양시키는 수단으로 활용되어야 한다고 주장했다.

두 번째 책은 막스 베버의《프로테스탄트 윤리와 자본주의 정신》이다.

베버는 독일 중부의 작은 도시에서 8남매 중 장남으로 출생했다. 8세부터 다독가로 역사 서적, 그리스-로마 고전들, 스피노자, 쇼펜하우어, 칸트 등의 철학 작품과 괴테의 문학 작품을 즐겨 탐독한다. 1892년 베를린대학에서 교수 생활을 시작했다. 그는 50살에 제1차 세계대전이 일어나자 군무를 지원했다가 곧 돌아와서 빌헬름 2세의 전쟁 방침에 반대하는 투쟁을 전개했다.

그는 개신교 금욕주의, 자본 형성에 이바지했다. 또 그는 산업 사회의 새로운 발전 방식과 구조를 연구하는 데 몰두했으며, 경제적 번영을 가져온 자본주의 발전의 원천을 찾는 데 많은 시간을 보냈다.

이 책에서 막스 베버는 "노동·절제로 부를 축적하는 것은 신의 축복"이라고 했다. 베버는 자본주의를 단순한 경제체제로 보지 않고 인간의 생활양식이나 가치관, 신념 등과 연관된 문화 현상의 하나로 보았다. 그는 "금욕적 개신교의 직업 윤리관이 합리적 생활을 중시하는 근대 자본주의 정신을 탄생시킨 핵심이었다"고 주장했다. 베버는

"직업 노동을 통해 자본을 증식하고, 창출한 부를 또 다른 부를 창출하는 데 사용하는 개신교의 윤리와 그 윤리를 기반으로 한 생활양식이 자본주의 정신을 출현시켰다"라고 강조했다. 자본주의는 탐욕을 합리적으로 억제하고 조절하는 체제라고 보았다.

세 번째 책은 '보이지 않는 손'으로 유명한 애덤 스미스의 《국부론》이다.

근대 자유주의 경제학의 사상적 토대는 개인의 이익 추구가 사회를 이롭게 한다는 것에서부터 출발한다.

애덤 스미스는 소심한 사람이었다. 임종 직전 "출간하기에 적절치 않은 모든 원고는 폐기해달라"는 유언을 남겼을 정도로 신중하고 조심스러운 인성을 지니고 있었다. 하지만 그는 지적인 문제에 대해서만큼은 단호한 모험가였다.

《국부론》은 1776년에 발간한 저서로, 스미스는 부의 원천은 노동이며, 부의 증진은 노동 생산력의 개선으로 이루어진다고 주장했다. 그는 생산의 기초를 분업이라고 했다. 그는 분업과 이에 수반하는 기계의 채용을 위해서는 자본의 축적이 필요하며, 자유 경쟁에 의해서 자본 축적을 꾀하는 것이 국부 증진의 정도라고 역설하였다. 인간의 이기심과 경쟁을 바탕으로 모든 참여자가 열심히 일하고 자원이 효율적으로 배분되는 것을 '보이지 않는 손'이라는 개념을 처음 내세웠다.

"우리가 저녁 식사를 기대할 수 있는 건 푸줏간 주인, 양조장 주인, 혹은 빵집 주인의 자비심 때문이 아니라 이익을 추구하는 그들의 생각 덕분이다. 우리가 바라보는 건 그들의 인간성이 아니라 자기애다."

03
유대인의 경제 교육

유대인 교육법

인류는 변화의 물결 속에서 끊임없는 사고로 성장했다. 누구나 생각할 줄 알지만, 자신의 운명을 바꿀 수 있는 참신하고 기발한 사고력을 갖춘 사람은 그리 많지 않다. 오늘날처럼 복잡하고 어지러운 세상에서 우리가 살아남는 데 필요한 사고력은 무엇일까?

일찍이 유대인들은 생활 속 작은 실천에서부터 남들보다 뛰어난 사고력을 발휘해 오늘날 세계 최고의 부와 명예를 갖춘 민족으로 자리매김했다.

유대인은 수많은 민족으로부터 박해를 받고 삶의 터

전을 잃기도 하는 등 오랜 시련의 역사가 있다. 유대인은 0.3% 인구로 세계 1%의 부자로 인정받게 되는 이유는 사고력과 돈을 대하는 자세 덕분이다. 현실주의자의 지혜, 긍정의 사고방식, 역발상 전략, 비판과 토론 문화 등을 통해 돈을 벌고 올바르게 돈을 사용하기 때문이다.

로스차일드가, 알베르트 아인슈타인, 빌 게이츠, 워런 버핏, 세계 최초의 억만장자 존 데이비슨 록펠러, 주식 투자계의 신이라 불리는 워런 버핏, 크라이슬러를 극적으로 회생시킨 리 아이아코카, 전 미국 국무장관이자 외교계의 슈퍼스타였던 헨리 키신저 등 여러 분야의 위인들이 나올 수 있었던 것은 남다른 사고력과 창의적으로 살았기 때문이다.

유대인 가정에서의 일차적 선생은 부모다. 유대인 어머니의 베갯머리 교육과 유대인 아버지의 밥상머리 교육이 바로 그것이다. 특히 어머니를 중심으로 한 억척스러운 교육을 빼놓을 수 없다. '신은 모든 곳에 있을 수 없기에 어머니를 만들었다'라는 유대 격언이 있다.

유대인 교육 핵심은 시간과 숫자를 중시한다. 그래서 성인식 때에 시계를 선물로 준다. 또 어릴 적부터 경제 공부를 시켜 숫자 개념을 가르친다. 그 외 '다양한 사고를 수용할 수 있는 능력'을 가르친다. 남보다 '뛰어나게'가 아니라 남과 '다르게' 하라는, 물고기를 주기보다 물고기를 낚는 방법을 가르친다.

유대인의 탁월함은 다른 민족보다 머리가 좋기 때문도 아니다. 유대인의 평균 IQ는 100으로 우리의 106보다 못하다. 그러나 유대인의 교육법은 이분법에 익숙하고 사지선다형의 제한된 답만을 달달 외우라는 우리의 주입식 교육과는 다르다. 지금부터라도 우리 자녀들에게도 경제 교육은 선택이 아닌 필수로 가르쳤으면 한다.

유대인의 생활 속 교육

유대인 교육법의 핵심은 아이와 대화하고, 같이 놀고, 책을 읽어 주는 평범하지만, 누구나 할 수 있는 실천법이다. 게임이나 놀이도 학습으로 알고 함께한다. 게임은 사회의 축소판이다. 아이들은 게임을 하면서 정해진 규칙을 지키고, 승패를 인정한다. 문제 해결과 힘을 모아 이기는 법 등을 배운다.

이스라엘 부모는 아이에게 매를 드는 법이 없다. 잘못

한 일은 이미 돌이킬 수 없는 일이며, 야단을 치게 되면 아이가 오히려 주눅이 든다. 자기 입장을 들어주는 엄마의 모습을 보면서, 아이는 억울하다고 생각하지 않게 한다.

아이는 엄마 아빠가 들려주는 이야기를 통해 아이들은 풍부한 정서와 상상력을 키우게 된다. 끝으로 고난의 역사를 잊지 않게 하려고 아이를 강하게 키운다. 유난히 여러 민족에게 박해를 받은 이스라엘 사람의 역사관은 바로 "히틀러를 용서하되 잊지는 말자"이다. 이들은 아픈 역사를 잊지 않도록 가르친다.

《탈무드》에는 유대인들이 역사적으로 정치, 사회, 문화, 학문 등 전 세계 각 분야에서 성공한 이유가 잘 담겨 있다. 탈무드는 히브리어로 '연구', '배움'을 뜻하는 말로 기원전 300년경 로마군에 의해 예루살렘이 함락된 이후부터 5세기까지 약 800년간 구전되어 온 유대인들의 종교적, 도덕적, 법률적 생활에 관한 교훈 또는 그것을 집대성한 책이다. 권수로는 모두 20권, 12000페이지에 달하며 단어 수도 무려 250여만 자가 넘는 데다 무게가 75kg이나 되는 엄청난 분량의 책이다.

세계 최고의 부자로 만든 비밀

유대인은 부자가 되는 교훈으로 세 가지를 꼽았다. 돈 버는 일을 부끄럽게 생각하지 말라. 올바른 돈 개념을 가져라. 부의 분배 원리를 이해하라. 이러한 교육으로 유대인 민족은 다음과 같은 특징을 지녔다.

첫째, 상상력과 창의적 사고를 가졌다.

프랑스 구두 회사와 이스라엘의 구두 회사는 태평양 도서 지역에 사는 사람들을 상대로 그곳에서 시장을 개척하고 싶었다. 그래서 두 회사는 현지 시장 조사를 위해 세일즈맨 한 명씩을 섬에 파견했다. 프랑스 회사의 세일즈맨은 섬에 도착한 직후에 섬 주민이 모두 신발을 신지 않고 맨발로 다니는 모습을 보고는 몹시 실망했다. 그래서 이튿날 회사 사장에게 '이 섬에는 신발을 신는 사람이 없어서 시장 잠재력이 크지 않습니다'라고 전보를 보냈다. 그러고는 곧장 비행기를 타고 섬을 떠났다.

반면 이스라엘 회사의 세일즈맨은 섬에 도착해서 맨발로 다니는 주민들을 보고는 미친 듯이 흥분했다. 구두 시장의 잠재력이 아주 큰 곳이라고 판단한 것이다. 그는 다음날 바로 사장에게 자신감이 충만한 내용을 담아 전보를 쳤다.

'이 섬의 주민은 아무도 신발을 신지 않는 걸로 보아 시장 잠재력이 아주 크니 제가 이곳에 체류하겠습니다.'

이 세일즈맨은 시장을 내다보는 날카로운 통찰력을 지녔고, 무에서 유를 발견했다.

둘째, 똑똑하고 차별적 사고를 한다.

한 유대인은 77세에 세상을 떠났는데 그가 세상을 떠나기 전에 한 행동이 꽤 흥미롭다.

그는 임종을 앞두고 신문에 작은 광고를 내달라고 가족에게 부탁했다. 광고 내용은 자신이 곧 천국에 갈 예정이므로 천국에 있는 가족에게 전할 말이 있는 사람은 1인당 100달러를 내면 전해주겠다는 것이었다. 그래서 그는 10만 달러를 모았다고 한다.

유대인의 상법에 따르면 가난한 사람이 부자의 돈을 벌기 위해서는 신세 한탄만 하지 말고 부자의 세상으로 비집고 들어갈 방법을 짜내야 한다고 한다. 다시 말해 가난 때문에 생긴 근심을 버리고 부자들의 마인드를 배우고 그들의 사고방식에 따라 생각하는 태도를 지니라는 뜻이다.

셋째, 현실적인 이익을 추구한다.

한 유대계 경영인이 사업차 차를 몰고 A 도시에 도착했다. 그런데 이때 회사에서 급한 전화가 걸려와 일정이 변경됐다. 유대인은 그날 오후 A 도시에서 비행기를 타고 B 도시로 가서 며칠간 머물며 중요한 협상을 해야 했다. B 도시에 다녀올 때까지 A 도시에 주차하면 주차비가 많이 나올 거란 생각에 유대인은 고민에 빠졌다.

'돈을 쓰지 않고도 차를 안전하게 보관하는 방법은 없을까?'

고민 끝에 유대인은 차를 담보로 대출을 받고 은행에 자기 차를 주차한다. 롤스로이스를 맡기고 며칠 뒤 B 도시로 돌아온 유대인은 대출금 1천 달러(약 124만 원)와 이자 10달러(약 1만2400원)를 상환하고는 차를 몰고 도시를 떠났다. 주차비는 이자의 몇 배다.

넷째, 유대인은 세계 제일의 장사꾼 기질이 있다.

제1차 세계대전이 끝나고 오스트리아 황제는 부하들

에게 한 가지 소원을 들어주겠다고 했다. 폴란드 군인은 독립을, 프랑스 군인은 양조장 주인이 되고 싶다고 하자 황제는 그렇게 하겠다고 약속한다. 유대인 병사는 고등어 한 마리를 달라고 하자 다른 사람들이 고작 사소한 것을 달라고 한다고 비웃었다. 그러자 유대 병사는 말했다.

"나를 바보로 여기겠지만 곰곰이 생각해보라. 황제가 어떻게 독립 국가를 만들고, 양조장을 만들어줄 수 있겠는가? 현실적으로 고등어 한 마리면 몰라도."

유대인 사업가는 부자들의 뭉칫돈을 벌기 위해 박리다매 전략은 쓰지 않는다. 박리다매 경쟁은 결국 자신의 목에 올가미를 씌우는 어리석은 짓이라고 여긴다. 제한된 시장에서 소비자의 소비 수준을 따라가지 못하면 가격을 아무리 내려도 살아남기 힘들다고 생각한다. 여러분도 경전《탈무드》를 통해 돈의 교훈을 새겼으면 한다. 아래는 탈무드의 격언이다.

"하느님은 밝은 빛을 내려주시고, 돈은 온기를 퍼뜨려준다."

"사람에게 해를 끼치는 것에는 고민, 싸움, 빈 지갑, 이렇게 세 가지가 있다. 그중에서도 최고는 바로 텅 빈 돈지갑이다."

"일단 금화 소리가 들리면 욕하던 입도 다물어진다."

"돈은 인정 없는 주인일지 모르지만, 능력 있는 심부름 꾼임은 분명하다."

"돈을 가지고 가서 문을 두드리면 열리지 않는 문이 없다."

"육체는 마음에 기대어 살고 마음은 돈지갑에 기대어 산다."

"부자를 칭송하는 사람은 사실 부자가 아닌 돈을 칭송하는 것이다."

공부의 즐거움

지난 수백 년 동안 교육의 목적은 개인의 발전과 성취에 역점을 두었다. 우리나라의 교육 이념은 홍익인간으로, 널리 인간을 이롭게 한다는 뜻이다. 홍익인간의 이념은 이타주의에 기초를 두고 있다. 개개인이 인간의 의무를 지키고 사랑과 친절을 베푸는 기본을 배워 더 나은 세상을 만드는 것이다.

공부가 즐겁다고 말하는 사람은 드물다. 공부는 강요

하기보다는 스스로 해야 효과적이다. 아는 것과 모르는 것을 선별하고 생활 속에서 나만의 지혜를 찾을 때 공부가 즐겁다.

특히 자녀에게 돈 공부가 중요하다. 주된 이유로 자존감을 높이고, 학교에서 배울 수 없는 지식을 얻기 때문이다. 아이들도 인공지능과 빅데이터 발전으로 인해 얼마든지 세상을 바꾸는 잠재 능력이 있다.

성인 역시 투자하기 전에 반드시 돈 공부하는 것은 상식이다. 현대인의 생존 도구라 할 수 있는 경제에 대해 아이들에게 교육할 때 가장 중요한 세 가지 원칙을 아래에 정리해본다.

첫째, 왜 학습을 해야 하는지를 이해시켜라.

나뭇가지도 묘목 때 구부러졌으면 큰 나무가 되어도 똑바로 자라기 어렵다. 새로운 지식을 습득해야 하는 이유를 설명하고 자발적인 교육에 참여하도록 유도한다.

둘째, 직접 경험하게 하라.

어린아이들에게 이론이나 인내를 강요해서는 좋은 효

과가 나올 수 없다. 경제에 관한 토론, 금융기관 직접 방문하기, 역할 연기 등 적극적이고 활기 있게 참여하도록 여건을 만든다. 투자의 귀재 버핏은 여섯 살 때 이웃에 껌과 콜라를 팔아 돈을 벌어 금전 출납부를 기록했다. 일곱 살 때는 채권에 관한 책을 선물로 달라고 산타클로스에게 기도했다. 열 살 때 뉴욕 증권 거래소를 방문하고 'Cities Service' 주식 3주를 샀었다.

셋째, 배경지식을 충분히 이해시켜라.

새로운 정보를 받아들일 때, 기존의 배경지식과 연결지으면 기억이 오래 남게 된다. 거미도 맨 처음 거미줄을 칠 때 신중하고 시간이 오래 걸린다. 이미 탄탄한 거미줄에 다른 가닥을 추가하기는 쉽다. 배경지식을 많이 만드는 최고의 방법은 단연코 독서이다.

최근 한 젊은 부모는 고민에 빠졌다. 대학 경쟁률이 줄었다고는 하지만 서울 소재 대학 경쟁률도 눈에 띄게 준건 아니고, 어렵게 일류 대학을 나와도 취직하기 어려운 시대이기 때문이다. 남편의 월급은 재택근무로 인해 30%

이상 줄었고 아이를 무작정 학원에 보내자니 경제적 어려움이 있고, 집에서 공부시키려고 하니 돌봐 줄 사람이 없어서 불안하다. 아이는 지루한 일상 속에서 점점 공부에 흥미를 잃어가고 있는데, 아이들이 커서 충분히 제 몫을 할 수 있는 공부가 무엇이며 즐겁게 공부할 방법은 따로 없을까?

흔히 공부는 어렵고 힘들고 자신과의 치열한 싸움이라고 생각한다. 하지만 공부 자체가 재미없는 것이 아니다. 공부 방법이 암기 위주와 무엇을 위해 공부하는지 모를 때 지겹게 느낄 뿐이다. 공부를 어렵고 힘들게 대하는 말고 일상적으로 즐기는 놀이처럼 한다면, 누구라도 즐기면서 공부할 수 있다. 열심히 공부하는 사람들의 공통점을 찾아보면 공부하는 자체가 즐겁다고 한다.

수업시간에 집중하지 못하고 엉뚱한 질문을 늘어놓아 정규 교육을 받기 힘들었던 에디슨이 발명왕이 된 것은, 엄마의 인정과 헌신적인 사랑 덕분이었다. 에디슨은 엄마와 함께 독서 하면서 생각을 나누고 대화를 나눴다.

세계 최대의 갑부인 빌 게이츠를 만든 건 바로 그의 부모다. 빌 게이츠의 부모는 빌 게이츠가 어릴 적부터 정보의 보고인 책을 가깝게 여기고 독서광이 되도록 이끌었다. 빌 게이츠는 "부모님은 항상 내가 많이 읽고 다양한 주제에 대해 생각하도록 격려했다. 우리는 책에 관한 것부터 정치까지 모든 주제에 관하여 토론했다"고 말했다. 빌 게이츠의 부모는 자녀들이 책 읽는 데 집중하도록 주중에는 텔레비전 보는 것을 금지하고 주말에만 보도록 했다. 빌 게이츠는 지금도 텔레비전을 거의 보지 않는다.

'40자의 마법' 트위터를 개발한 잭 도시 트위터 최고경영자는 재산이 약 53억 달러(약 6조579억 원)의 대부호지만 한동안 버스로 출퇴근했다. 기부나 사회 환원에도 헌신적으로 참여한다.

일하느라 바쁜 부모 대신에 조부모의 자녀 경제 교육이 필요한 시기다. 인생의 경륜 통한 경제적 지혜를 알려주고, 아이들이 스스로 돈 벌어보는 경험을 하게 한다. 구매 욕구를 참아 노동의 소중함과 주식 투자 노하우를 전해주는 것이다. 그러나 가장 중요한 것은 부모가 솔선수범 모범을 보여야 한다. 아이들에게 가르친 대로 솔선수범하여 실천하는 것을 보여 준다. 돈을 과시하거나 위축되는 행동을 보이지 않는다. 책을 가까이 두면서 도움이 되는 내용을 알려 준다. 아이는 부모의 그림자를 보고 자란다.

부모가 어떻게 노력해서 돈을 벌고 용돈을 주는지를 보여 주는 것이 좋다. 직장인이라면 주말 등을 이용해 사무실에 데려간다거나 집에서 간단한 집안일을 돕게 하는 것이다.

대학생 A 씨는 어린 시절 보험 설계사였던 어머니와 함께 집에서 산더미처럼 쌓인 보험료 영수증을 정리하면서 어머니가 힘들게 돈을 번다는 것을 실감했다고 한다.

지금 이 순간에 하는 나의 말과 행동이 아이의 인생을 결정할 수 있다. 대부분 사람은 돈에 익숙하지만 제대로 돈을 아는 것은 아니다. 돈에 대한 오해와 그릇된 시각에 붙잡혀 있다. 한평생 돈에 휘둘리며 돈에 대한 잘못된 상식은 우리를 부자의 길에서 멀어지게 한다. 돈에 대해 막상 많이 알고 있다고 하지만 자녀에게 제대로 교육한 적이 있는가? 자식 사랑을 한없이 하고 돈의 소중함을 알면서도 아이들이 돈과 친해지고 미래를 준비하는 계기를 마련해주었는가?

부모된 사람의 의무 중 가장 중요한 것은 자신의 아이들이 돈맹(금융 지식을 갖추지 못한 것) 방지다. 돈의 흐름이나 통제 방법을 알고 있지 못한 상태로 사회에 진출해서는 안 된다. 기본적인 금융 지식을 가정에서부터 가르쳐야 한다.

하지만 무턱대고 자신의 경제관념 자체를 자녀들에게 주입식으로 가르쳐서는 안 된다. 경제 교육의 목표를 정해두고 차근차근 진행해야 한다. 돈을 너무 밝혀도 안 되고 너무 무시하면 가족들이 힘들어진다. 용돈 기입장을 적게 하여 돈의 정확한 사용처를 알게 해야 한다.

초등학교 입학할 무렵이 되면 본격적으로 돈의 효용과 원리를 이해하도록 한다. 아이 이름으로 통장을 개설하여 돈이 쌓이는 것을 직접 체험하게 하는 것도 좋다. 용돈, 세뱃돈, 아르바이트해서 번 돈을 종잣돈으로 활용할 수 있다. 이렇게 모인 돈으로 자본주의와 주식회사가 무엇인지를 알게 하고 주식 투자를 할 수 있도록 돕는 것도 방법이다. 수시로 금융기관에 직접 방문하여 상품에 대한 이해를 높여준다. 경제신문과 경제뉴스를 수시로 보고 듣게 하며 자주 토론하면 더 풍부한 경험을 쌓을 수 있다.

경제 교육은 투자로만 할 수 있는 게 아니다. 스스로 돈 벌 수 있도록 집안일을 시키는 것도 경제 교육이다. 수입 중 일부를 자신보다 어려운 사람을 돕는 데 사용하도록 하면, 돈을 가치 있게 쓰는 경험까지 할 수 있다.

하지만 부모가 자신부터 경제관념이 제대로 서 있는지 스스로 체크해야 한다. 다음의 항목 중 세 가지 이상 해당하면 당장 돈 공부를 시작하라!

 경제관념이 제대로 서 있는지 스스로 체크해 보세요

1. '돈이 원수'라는 말을 달고 산다.
2. 세상은 돈이 돈을 버는 기울어진 운동장이다.
3. 돈만 많으면 모든 일을 해결할 수 있다.
4. 커가는 아이와 늘어나는 사교육비를 보며 한숨만 내쉰다.
5. 월급이 적어서 부자가 될 수 없다는 생각에 매번 좌절한다.
6. 투자는 아무나 하는 것이 아니다.
7. 학벌이 좋아야 많은 돈을 벌 수 있다.
8. 자녀에게 돈을 물려주는 것이 최고의 덕목이다.
9. 재테크 실천하기가 어렵다.
10. 노후 준비란 충분한 돈을 갖고 있어야 한다.

돈으로부터 자유로워지는 돈 공부

전 미국 연방준비제도이사회 의장 앨런 그린스펀은 이렇게 말했다.

"문맹은 생활을 불편하게 하지만 금융 문맹은 생존을 불가능하게 만들기 때문에 문맹보다 더 무섭다."

지금은 물신 사회이다. 돈이 신의 반열에 올랐다. 인간이 돈을 숭배하고 돈이 인간의 정신과 몸을 지배한다. 돈은 어떤 사람에게는 생명과 같지만 어떤 사람에게는 비수가 된다. 하루라도 돈 없이 지낼 수가 없다.

처음에 돈은 인간이 만든 도구에 불과했었다. 하지만 어느 순간 인간이 돈의 노예가 되면서 삶의 의미와 목적이 바뀌었다. 돈 때문에 울고 웃는 지경에 이른 것이다. 돈이 인간을 보호하면서도 한편으로는 파괴할 정도의 삶 깊숙이 자리 잡고 있기 때문이다.

돈에서 자유롭지 못하면 돈의 올가미에 걸려 허우적대며 살 수밖에 없다. 더는 돈이 배신과 저주의 대상이 되어서는 안 된다. 돈의 의미와 본질을 깨닫고, 돈으로 인해 우리의 삶이 흐트러지지 않는 성찰과 공부가 필요하다.

돈을 바라보는 시각도 각자의 가치관에 따라 다르다. 분명한 사실은 인간이 돈을 얼마나 버느냐에 관심을 두기보다는 돈을 어떻게 효과적으로 활용하느냐에 초점을 맞춰야 한다. 돈은 양면의 칼날과 같다.

준비되지 않은 자에게 돈벼락은 재앙과도 같다. 만유인력의 원리를 확립한 천재 과학자 뉴턴도 주식으로 전 재산을 날렸다는 이야기는 이미 유명하다. 뉴턴은 이렇게 말했다.

"천체의 움직임은 계산할 수 있지만, 인간의 광기는 도저히 계산할 수 없다."

투자는 심리이고, 주가를 예측하는 것은 신의 영역이다. 돈에 무지하면 결국 돈의 노예가 되어 평생 악순환의 고리에서 벗어나기 어렵다. 이론을 넘어 자신에게 맞는 공부와 투자 전략을 세워야 한다. 돈을 벌고, 쓰고, 저축하면서 만나는 사람에게 행복을 전하는 돈 사용법을 알아야 한다.

과거란 일찍 온 현재이며 미래는 현재의 모습이다. 역사 이전부터 해오던 돈 걱정은 인공지능 시대가 되어도 따라온다. 돈은 무거운 짐이자 함께 가야 할 친구이다. 이왕이면 돈과 친했으면 한다.

진정한 유산은 자녀에게 돈을 남기는 것이 아니라 경제관념을 심어주는 것이다. 자녀에게 일찍부터 돈을 버는 경험을 시키고, 용돈 관리할 능력을 키워줘야 한다. 그래야 성인이 되어서도 돈에 집착하지 않고, 돈의 주인이 될 수 있을 것이다.